Manifesto comunista

Karl Marx e Friedrich Engels

edição brasileira©   Hedra 2022
tradução©   Marcus Mazzari
introdução   Ricardo Musse

título original   *Manifest der Kommunistischen Partei* (1848)

edição   Jorge Sallum
coedição   Suzana Salama
assistência editorial   Paulo Henrique Pompermaier
revisão   Iuri Pereira
capa   Lucas Kroëff

ISBN   978-65-89705-64-2
conselho editorial   Adriano Scatolin,
Antonio Valverde,
Caio Gagliardi,
Jorge Sallum,
Ricardo Valle,
Tales Ab'Saber,
Tâmis Parron

Grafia atualizada segundo o Acordo Ortográfico da Língua Portuguesa de 1990, em vigor no Brasil desde 2009.

Direitos reservados em língua portuguesa somente para o Brasil

EDITORA HEDRA LTDA.
Av. São Luís, 187, Piso 3, Loja 8 (Galeria Metrópole)
01046-912 São Paulo SP Brasil
Telefone/Fax +55 11 3097 8304
editora@hedra.com.br

www.hedra.com.br

Foi feito o depósito legal.

Manifesto comunista

Karl Marx e Friedrich Engels

Marcus Mazzari (*tradução*)
Ricardo Musse (*introdução*)

2ª edição

São Paulo   2022

Karl Marx (Trier, 1818–Londres, 1883), intelectual revolucionário alemão e um dos principais ideólogos do comunismo moderno, atuou como filósofo, economista, historiador e teórico político. Estudou na Universidade de Bonn e depois na Universidade de Berlim, onde Hegel era professor. Em Berlim, participou do Clube dos Doutores e, perdendo o interesse pelo direito, passou ao estudo da filosofia. Fez parte da esquerda hegeliana, em 1841 doutorou-se em filosofia e, no ano seguinte, tornou-se redator-chefe da *Gazeta Renana* de Colônia. Ainda em 1842, conhece Engels e passa, posteriormente, a dirigir os *Anais Franco-Alemães* em Paris. Em 1843, vincula-se à Liga dos Justos, futura Liga dos Comunistas, quando passa a estudar e escrever sobre economia política, socialismo e história da França, aderindo ao socialismo. Expulso do território francês em 1845, se estabelece em Bruxelas onde escreve, junto com Engels, o *Manifesto Comunista*, quando é novamente expulso e parte para Colônia, fundando, também com Engels, a *Nova Gazeta Renana*. Estabelece-se finalmente em Londres, onde participa da Associação Internacional dos Trabalhadores, ou *Primeira Internacional*.

Friedrich Engels (Barmen, 1820–Londres, 1895), revolucionário alemão, desenvolveu, junto com Marx, o chamado *socialismo científico*. Filho mais velho de um industrial da tecelagem, viveu em Berlim e depois em Manchester, onde conheceu Marx, em 1842, ao se envolver com o jornalismo radical e a política. Ao voltar à Alemanha em 1844, passou por Paris, onde reencontrou Marx, aproximando-se dele definitivamente. Em Bruxelas, auxiliou na formação da Liga dos Comunistas. Morou em Colônia e participou como fundador da *Nova Gazeta Renana*. Em 1849, tomou parte de um levante no sul da Alemanha e, com seu fracasso, voltou à Inglaterra. Em Manchester, volta a trabalhar na empresa de seu pai e passa a sustentar Marx. Com a morte de Marx, trabalhou na preparação e na publicação dos dois últimos volumes de *O Capital*. Investiu seu tempo em outras produções teóricas e teve significativa influência na social-democracia alemã.

Manifesto comunista, publicado originalmente como *Manifesto do Partido Comunista*, foi encomendado pela Liga dos Comunistas e publicado em 21 de fevereiro de 1848. É um dos textos mais influentes do mundo, expondo o programa da Liga, e contando com uma análise da luta de classes, tanto a partir de uma perspectiva histórica, quanto contemporânea, e que trata do período em que se estabelece o capitalismo e, consequentemente, a burguesia como classe dominante e sua luta permanente com o proletariado, na Europa do século XIX. O *Manifesto*, ainda que tenha incorporado elementos de outros pensadores, constituiu as bases da teoria sobre as classes sociais no capitalismo e a luta de classes, fundamentando os princípios do marxismo. Ainda que a autoria do *Manifesto* seja historicamente atribuída a Marx e Engels, este último foi responsável somente pela elaboração de seus primeiros rascunhos e a redação foi realizada por Marx.

Marcus Vinicius Mazzari é professor de Teoria Literária na Universidade de São Paulo (USP). Traduziu para o português textos de Walter Benjamin, Adelbert von Chamisso, Gottfried Keller, Jeremias Gotthelf e outros. Tem diversas publicações no Brasil e na Alemanha, entre as quais *Labirintos da aprendizagem* (Editora 34, 2010), *A dupla noite das tílias. História e natureza no Fausto de Goethe* (Editora 34, 2019), *Versuchung und Widerstand in A Máquina do Mundo [Die Weltmaschine] von C. D. de Andrade* (Metzler, 2022). Contemplado com Goldene Goethe-Medaille [Medalha de Ouro Goethe] de 2023, pela Goethe-Gesellschaft de Weimar.

Ricardo Musse é doutor em Filosofia pela Universidade de São Paulo (USP) e professor no departamento de sociologia da mesma instituição. Autor, entre outros, de *Émile Durkeim: fato social e divisão do trabalho* (Ática, 2007).

Sumário

Introdução, *por Ricardo Musse* 9
Nota do tradutor 31

MANIFESTO COMUNISTA 33
Prefácio à edição alemã de 1872 35
Prefácio à edição alemã de 1883 39
Prefácio à edição alemã de 1890 41
Manifesto do Partido Comunista 49

Introdução
Diagnóstico do mundo moderno

RICARDO MUSSE

O *Manifesto do Partido Comunista*, redigido na antevéspera da revolução de 1848, foi um dos primeiros textos a apresentar o mundo moderno, que se descortinava no horizonte posterior à Revolução Francesa de 1789, como uma sociedade perpassada por conflitos insuperáveis. O diagnóstico de Marx[1] destoa radicalmente dos prognósticos de sua época — tanto no campo da filosofia da história, marcado pelas ideias de Condorcet ou mesmo de Hegel, como no da economia política, na linhagem que se estende de Adam Smith a Ricardo, ou ainda no da emergente sociologia positivista, configurada na França por Saint-Simon e Auguste Comte — que traçavam, de modo quase apologético, um cenário para o futuro da humanidade consubstanciado na perspectiva de ampliação da liberdade, na expectativa de superação dos conflitos políticos e sociais e no ideal de um mundo em paz perpétua.

1. Ainda que a autoria do *Manifesto* seja historicamente atribuída a Marx e Engels, este último foi responsável somente pela elaboração de seus primeiros dois rascunhos, o *Esboço de confissão de fé comunista* e *Princípios do comunismo*. A redação do *Manifesto*, portanto, é obra somente de Marx, ainda que ele tenha incorporado elementos dos rascunhos de Engels. [N. E.]

Marx apresenta o *Manifesto do Partido Comunista* como uma autoexposição do comunismo. Trata-se, em suas palavras, de enunciar a versão do comunismo segundo os comunistas, procurando opor "ao conto da carochinha sobre o espectro do comunismo um manifesto do próprio partido". Conjugado a essa tentativa de exposição teórica das premissas de um movimento político que, mal entrara em cena já invocava para si o papel de protagonista, Marx compôs um diagnóstico da modernidade que esquematiza, em linhas gerais, tópicos que só serão desenvolvidos detalhadamente em obras posteriores, particularmente no conjunto de textos projetados pelo próprio Marx como uma *crítica da economia política* e cuja formulação mais acabada consiste em *O Capital*.

Essa súmula do mundo moderno, um pequeno esboço de história universal, que o *Manifesto do Partido Comunista* apresenta em poucas páginas, dotadas de um impressionante poder de compreensão e síntese, constitui a primeira aplicação e exposição pública da concepção materialista que Marx e Engels haviam desenvolvido em um manuscrito redigido em 1845–46, *A ideologia alemã*. Após uma tentativa fracassada de publicação, esse texto, segundo a terminologia deles próprios, foi *abandonado à crítica roedora dos ratos*. O *Manifesto*, além de retomar, sob a forma de drásticos resumos, passagens inteiras desse manuscrito, concretiza a ideia, ali apenas enunciada, de uma história que não prescinde das diversas perspectivas: econômicas, sociais e políticas.

A *teoria da história*, aí desenvolvida, propõe-se a combater o ponto de vista de um *assim chamado desenvolvimento geral do espírito humano* por meio da ênfase na observação das relações materiais. Seu fio condutor foi posteriormente condensado por Marx nos seguintes termos:

INTRODUÇÃO

Na produção social da própria vida, os homens contraem relações determinadas, necessárias e independentes de sua vontade, relações de produção estas que correspondem a uma etapa determinada de desenvolvimento das suas forças produtivas materiais. A totalidade destas relações de produção forma a estrutura econômica da sociedade, a base real sobre a qual se levanta uma superestrutura jurídica e política, e à qual correspondem formas sociais determinadas de consciência. O modo de produção da vida material condiciona o processo em geral de vida, social, político e espiritual. Não é a consciência dos homens que determina o seu ser, mas, ao contrário, é seu ser social que determina sua consciência. Em certa etapa de seu desenvolvimento, as forças produtivas materiais da sociedade entram em contradição com as relações de produção existentes ou, o que nada mais é do que a sua expressão jurídica, com as relações de propriedade dentro das quais aquelas até então se tinham movido.[2]

A trava no desenvolvimento das forças produtivas, enfatizando sua contradição com as relações sociais existentes, manifesta-se sob a forma de crises. As relações próprias do mundo burguês, a partir de determinado momento, teriam se tornado estreitas demais para conter a riqueza "colossal", "adormecidas no seio do trabalho social", que a burguesia despertou por meio da exploração do mercado mundial. Medidas protelatórias, segundo Marx, apenas preparariam crises "cada vez mais amplas e poderosas".

Tendo em vista esse cenário, o *Manifesto* faz uma dupla aposta. Primeiro, sustenta a hipótese, que se revelou verdadeira, de que a crise levaria a uma revolução social que varreria do mapa europeu os velhos regimes. Equivocou-se, porém, na previsão de que o processo produtivo capitalista já se desdobrara o suficiente para tornar possível uma vitória definitiva do proletariado. Em 1850, Marx reconhece, no

2. Karl Marx. Prefácio a *Para a crítica da economia política*.

último artigo de *As lutas de classes na França (1848-1850)*, que a perspectiva de uma continuação do processo revolucionário fora inviabilizada pela retomada, após a crise de 1847, da prosperidade industrial.

O desfecho das revoluções de 1848, cristalizado na França pelo golpe de Estado de Luís Bonaparte, em dezembro de 1851, que levou Marx a se exilar na Inglaterra, onde se dedicou, por longos anos, à redação de uma "crítica da economia política" — corporificada em *O Capital* — alterou sua visão acerca do papel político da burguesia. Sua capacidade em se acomodar, quando preciso, com setores da aristocracia fundiária e com a burocracia monárquica, desfez a impressão, amplificada pela descrição do *Manifesto*, de que se tratava de uma classe movida por um impulso revolucionário, capaz de "criar o mundo à sua imagem". Depois desse desfecho, Marx passa a enfatizar o papel contrarrevolucionário da classe burguesa, atenta (e temerosa) à possibilidade de revolução social que traz para o primeiro plano, como previram, seu conflito com o proletariado.

DIAGNÓSTICO DO MUNDO MODERNO

Encontramos no *Manifesto* a combinação, quase sempre inextricável, de uma exposição concisa, que se propõe a apresentar as coordenadas econômicas, sociais e políticas do mundo moderno, com a apresentação de uma teoria do comunismo que não se exime, entre outros pontos, de estabelecer uma plataforma política do proletariado para uma revolução que Marx e Engels julgavam iminente e que de fato se desencadeou pouco menos de um mês após sua redação.

Marx efetiva assim uma das exigências essenciais do debate filosófico e intelectual da década de 1840, abordando, de forma pertinente, a questão do presente histórico. Mas não se trata apenas de uma revolução na filosofia. Além das contribuições no campo da sociologia, a teoria do conflito e das classes sociais e da economia — embora aqui ainda esteja ausente um ponto central de seu arcabouço futuro, a teoria marxista do valor —, o *Manifesto* inaugura ainda a interpretação econômica da história e a moderna teoria da política.

O gesto inaugural ou a introdução de avanços em disciplinas aparentemente tão díspares — que dificilmente poderá, por conta da superespecialização hoje vigente no trabalho intelectual, ser repetido por um outro livro — explica-se facilmente por um círculo virtuoso. Marx renovou a história porque conhecia bem economia, revolucionou a política porque conhecia a história como poucos, reinterpretou criticamente a economia graças aos seus conhecimentos de política e de história etc.

Não se pode dizer o mesmo, porém, do processo de disseminação que tornou o marxismo um fenômeno mundial a partir da última década do século XIX. Como a divulgação das ideias de Marx se fez, prioritariamente, pela via da esquematização, a difusão acarretou o empobrecimento tanto do conteúdo quanto do método. Este empobrecimento não foi acarretado apenas pela redistribuição do legado de Marx em partes e disciplinas estanques por obra do anseio enciclopédico da época e pela posterior incorporação, em separado, de algumas descobertas do marxismo pelo mundo acadêmico burguês. O próprio Engels, apenas cinco anos depois da morte de Marx, acrescentou ao *Manifesto*, na edição inglesa de 1888 e, depois, na edição alemã, uma série de notas explicativas, presentes em todas as edições e traduções posteriores, que dissociam conceito e história. A primeira nota, por exemplo, adendo ao título do primeiro segmento, *Burgueses e proletários*, define logicamente estas duas classes por sua posição em relação à propriedade dos meios de produção. Já o *Manifesto* expõe esses conceitos por meio de uma síntese da história moderna que destaca o processo de formação de cada classe e a conexão entre elas, o antagonismo que as envolve numa luta ininterrupta.

Dito em termos drásticos, do então manuscrito, posteriormente editado como *A ideologia alemã*, bem como de seus inúmeros estudos sobre história, Marx tomou como pressuposto no *Manifesto* apenas um esquema mínimo, a tese de que "a história de todas as sociedades até o presente é a história das lutas de classes". Trata-se, portanto, de trazer para o centro do relato da história humana o conflito, a "luta ininterrupta, ora dissimulada, ora aberta" entre oprimidos e opressores.

O *Manifesto*, apesar do tom panfletário inerente aos seus objetivos práticos, políticos e pedagógicos, mantém a postura crítica em relação à filosofia da história — alçada então à condição de parte nobre da especialização filosófica —, explicitamente abordada em *A ideologia alemã*. Em lugar de estabelecer uma teleologia para o desenvolvimento geral da espécie humana, Marx, analisando em bloco o destino do mundo moderno, apenas aponta duas tendências, ou possibilidades, extraídas da observação do passado histórico, procurando evitar recair na ideia de uma necessidade inerente ao espírito ou em alguma forma de determinismo: "uma reconfiguração revolucionária de toda a sociedade" ou uma "derrocada comum das classes em luta".

Na descrição de Marx, a "moderna sociedade burguesa [...] não aboliu os antagonismos de classe", mas, antes, colocou novas classes, novas condições de opressão, novas formas e estruturas de luta. Tal situação foi sintetizada na

INTRODUÇÃO

tese de que, no mundo moderno, haveria uma simplificação dos antagonismos de classe. Em suas palavras,

> a nossa época, a época da burguesia, caracteriza-se, contudo, pelo fato de ter simplificado os antagonismos de classes. A sociedade toda cinde-se, mais e mais, em dois grandes campos inimigos, em duas grandes classes diretamente confrontadas: burguesia e proletariado.[3]

Esta tese, muitas vezes compreendida literalmente, prestou-se a uma série de equívocos. No âmbito do marxismo da Segunda Internacional (1889-1916), transformou-se em dogma, que não deixou de ser rebatido pelos clássicos da sociologia alemã. A simplificação, apresentada por Marx no contexto de uma indicação sobre o destino global do mundo moderno, como possibilidades abertas pelo predomínio, enquanto *sujeitos históricos*, da burguesia ou do proletariado e, portanto, como uma descrição sucinta da modernidade, transformou-se, nas mãos de Karl Kautsky e Eduard Bernstein, um afirmando outro negando, — em flagrante contradição com o espírito e a letra do texto de Marx — na famosa e polêmica *tendência à polarização*. Sustentavam que a diferenciação e a diversidade de classes iria futuramente ceder lugar a um cenário social em que os indivíduos se classificariam literalmente como burgueses ou como proletários.

O MUNDO DA BURGUESIA

Marx apresenta a burguesia como sujeito histórico, por meio de uma breve exposição da história moderna. Não distingue o conceito de sua exposição, ao contrário de Engels, e da maior parte da tradição marxista, que, como vimos, acres-

---

3. Ver p. 51.

centou, nas edições posteriores à morte de Marx, notas em que procura forjar para a burguesia, e também para o proletariado, uma definição formal, separando em campos distintos o lógico e o histórico e concedendo primazia ao primeiro.

Em sua apresentação da burguesia, Marx associa o desenvolvimento histórico-social dessa classe, e principalmente sua constituição como força política — logo, como sujeito histórico —, a uma série de acontecimentos que marcaram a gênese e os desdobramentos do mundo moderno. Poderíamos destacar aí, quatro momentos principais:

1. A descoberta da América e a circum-navegação da África, levando em conta o que esse episódio significou em termos de multiplicação dos meios de troca ou de impulso fornecido simultaneamente ao comércio, à indústria e à navegação

2. O surgimento da manufatura, isto é, a concentração de produtores, privados da posse de seus instrumentos, em grande número sob o mesmo teto. Com isso, a divisão do trabalho entre as diversas corporações cede lugar à divisão do trabalho dentro de cada oficina[4]

3. A implantação da Revolução Industrial, quando a introdução da maquinaria, e posteriormente do vapor como energia motriz, altera significativamente a produção industrial. Com isso, a manufatura, nos centros mais desenvolvidos, é substituída pela *grande indústria moderna*. Com ela, com a usina, com o

---

[4]. Tema que será exaustivamente desenvolvido no livro primeiro de *O Capital*.

mundo da fábrica, surgiram os "milionários industriais, os chefes de exércitos industriais inteiros, os burgueses modernos"

4. A partir das premissas desenvolvidas pela implantação em larga escala da *grande indústria* cria-se o *mercado mundial*, impulsionando de forma inaudita a indústria, o comércio, os transportes

Nesse painel, a burguesia moderna é apresentada como o produto de um longo processo, de uma série de revoluções nos meios de produção, transportes e comunicação, por meio do qual ela se desenvolve, economicamente, multiplicando seus capitais e, politicamente, empurrando para o segundo plano as demais classes opressoras. Assim, Marx adverte que, ainda que as demais classes opressoras não sejam suprimidas, doravante quem dá as cartas nos rumos do desenvolvimento histórico e na luta política é a burguesia.

A trajetória política da burguesia segue, quase passo a passo, em sintonia e correspondência, as modificações sociais e históricas do mundo moderno. Seu itinerário na fase do mercado mundial compreende a passagem de classe oprimida à condição de classe opressora, de estrato social oprimido sob o domínio dos senhores feudais ao domínio político exclusivo.

Diga-se de passagem que a famosa frase de Marx que atribui ao poder estatal moderno a mera condição de "comissão que administra os negócios comuns do conjunto da classe burguesa", em geral contestada como reducionismo — ou como um diagnóstico equivocado da vida política, inerente a uma carência de pensamento político que seria própria do marxismo —, quando devidamente situada em seu contexto social e histórico, não parece tão fora de propósito assim.

Hoje, após o fim do interregno marcado pela presença do Estado de bem-estar social, assistimos, como na época do *Manifesto* — sobretudo porque o último quartel do século XX seria marcado, como a primeira metade do século XIX, pelo predomínio do *mercado mundial* —, uma inesperada redução do poder de pressão das demais classes sobre as modalidades e a direção adotadas na condução do Estado.

DIALÉTICA DA MODERNIDADE

No *Manifesto do Partido Comunista*, Marx apresenta, pela primeira vez, o mundo burguês como uma unidade contraditória entre fatores dinâmicos e invariância estática. O paradoxo de uma sociedade que não pode existir sem revolucionar continuamente os instrumentos de produção e, com eles, o conjunto das relações sociais, é próprio do mundo moderno. Enquanto os antigos modos de produção assentavam-se, à maneira de uma tradição, na manutenção e na conservação de relações fixas e cristalizadas, a sociedade burguesa se reproduz, mantendo-se idêntica somente ao preço de uma contínua transformação que, acarretando a obsolescência e uma incessante destruição de toda estrutura de produção existente em um determinado momento, subverte inclusive o cenário histórico e político.

Por razões conjunturais, no *Manifesto*, Marx privilegiou, nesse entrelaçamento, o aspecto dinâmico, a constância da transitoriedade, materializado na frase-emblema: "Tudo que é sólido desmancha no ar".[5] Muito do interesse e parte da recepção desse texto explicam-se por essa ênfase. Em períodos de estabilização e consolidação do capital, seja entre 1850 e 1870 ou no quase meio século que se estende de 1950 a 1989, o marxismo voltou-se para a compreensão da estática imanente à dinâmica social, concebendo a sociedade como uma segunda natureza e debruçando-se sobre o sempre-igual de fenômenos como o fetichismo da mercadoria. Hoje, no entanto, quando o engessamento do capitalismo — provocado então por uma conjunção especial de fatores: conflito entre blocos e Guerra Fria, estabelecimento nos países centrais de um Estado de bem-estar social, predomínio incontestável da hegemonia norte-americana — parece ter chegado ao fim, muito do que se diz no *Manifesto* volta a ter uma inesperada atualidade.

Essa dinâmica, própria da modernidade, é apresentada e desdobrada no *Manifesto* sob a forma de uma dupla expansão que ocorre simultaneamente, embora em direções e sobre domínios diferenciados. Uma vez que Marx não nomeia explicitamente esse processo, tomaremos a liberdade de denominar esses movimentos de *expansão intensiva e extensiva*.

A descrição do papel *eminentemente revolucionário* desempenhado pela burguesia na história moderna pode ser concebida como uma história dos movimentos do agente histórico dessa expansão, o que explica, entre outras coisas, a forte carga irônica dessas passagens, muitas vezes interpretadas como uma espécie de apologia da burguesia.

Primeiro, Marx descreve a *expansão intensiva*, isto é, os movimentos segundo os quais o capitalismo extravasa o

---

5. Ver nota 9 na p. 55.

campo das relações puramente econômicas, espraiando-se para outras esferas da vida social. Esse processo caracteriza-se por uma inaudita mercantilização e reificação de todo o domínio social, atingindo inclusive o âmago da subjetividade. Diz ele:

Onde quer que a burguesia tenha chegado ao poder, ela destruiu todas as relações feudais, patriarcais, idílicas. Ela rompeu impiedosamente os variados laços feudais que atavam o homem ao seu superior natural, não deixando nenhum outro laço entre os seres humanos senão o interesse nu e cru, senão o insensível 'pagamento à vista'. Ela afogou os arrepios sagrados do arroubo religioso, do entusiasmo cavalheiresco, da plangência do filisteísmo burguês, nas águas gélidas do cálculo egoísta. Ela dissolveu a dignidade pessoal em valor de troca, e no lugar das inúmeras liberdades atestadas em documento ou valorosamente conquistadas, colocou *uma* única inescrupulosa liberdade de comércio. A burguesia, em uma palavra, colocou no lugar da exploração ocultada por ilusões religiosas e políticas a exploração aberta, desavergonhada, direta, seca. A burguesia despojou de sua auréola sagrada todas as atividades até então veneráveis, contempladas com piedoso recato. Ela transformou o médico, o jurista, o clérigo, o poeta, o homem das ciências, em trabalhadores assalariados, pagos por ela. A burguesia arrancou às relações familiares o seu comovente véu sentimental e as reduziu a pura relação monetária.[6]

Mas, ao mesmo tempo em que salienta o predomínio de relações mercantis e da reificação sobre o conjunto da vida social, Marx detecta outro movimento expansionista, próprio do mundo moderno, que denominamos *expansão extensiva*, caracterizado pela colonização, ou melhor, pela penetração capitalista sobre áreas e regiões econômicas ainda não capitalistas — o que abrange desde áreas do mundo

6. Ver p. 54.

rural, situadas próximas ao centro do capitalismo, até os territórios pré-capitalistas, situados nos confins do planeta. Diz ele:

> Por meio da exploração do mercado mundial, a burguesia configurou, de maneira cosmopolita, a produção e o consumo de todos os países. Para grande pesar dos reacionários, ela subtraiu à indústria o solo nacional em que esta tinha os pés. As antiquíssimas indústrias nacionais foram aniquiladas e ainda continuam sendo aniquiladas diariamente. São sufocadas por novas indústrias, cuja introdução se torna uma questão vital para todas as nações civilizadas, são sufocadas por indústrias que não mais processam matérias-primas nativas, mas sim matérias-primas próprias das zonas mais afastadas, e cujos produtos são consumidos não apenas no próprio país, mas simultaneamente em todas as partes do mundo. No lugar das velhas necessidades, satisfeitas pelos produtos nacionais, surgem novas necessidades, que requerem, para a sua satisfação, os produtos dos mais distantes países e climas. No lugar da velha autossuficiência e do velho isolamento locais e nacionais, surge um intercâmbio em todas as direções, uma interdependência múltipla das nações. [...] Os módicos preços de suas mercadorias são a artilharia pesada com que ela põe abaixo todas as muralhas da China, com que ela constrange à capitulação mesmo a mais obstinada xenofobia dos bárbaros. Ela obriga todas as nações que não queiram desmoronar a apropriar-se do modo de produção da burguesia; ela as obriga a introduzir em seu próprio meio a assim chamada civilização, isto é, a tornarem-se burguesas. Em uma palavra, ela cria para si um mundo à sua própria imagem e semelhança.[7]

O agente dessa dupla expansão, a burguesia — apresentado ao mesmo tempo em que a descrição desse processo histórico —, passa a ser concebido, pelo menos ao longo do *Manifesto*, como um autêntico sujeito histórico, isto é,

---

7. Ver p. 56.

como uma classe dotada da capacidade de autodeterminação. Esse traço da classe burguesa pode ser concebido, por um lado, como uma espécie de explicação materialista para a filosofia do Idealismo alemão, particularmente para o conceito hegeliano de Espírito, no qual, como se sabe, concebe-se uma substância que é ao mesmo tempo sujeito. Mas, por outro lado, tal descrição antecipa o modo como o próprio Marx concebe o proletariado: como um *sujeito histórico*, isto é, como um agrupamento coletivo, autônomo, capaz de se autodeterminar e influir sobre os destinos do mundo moderno.

A *expansão extensiva*, hoje denominada globalização, vincula-se de forma mais estreita, no *Manifesto*, com a fase do mercado mundial, que corresponde, no campo da história política, à conjuntura posterior à Revolução Francesa. Por *mercado mundial*, Marx designa tanto uma forma de concentração industrial — na primeira metade do século XIX, o surgimento da *grande indústria*, equivalente, no último quartel do século XX, às fusões de conglomerados e o subsequente predomínio de gigantescas empresas transnacionais — quanto o domínio exclusivo do poder pela burguesia — na época do *Manifesto*, o recém-implantado Estado constitucional representativo, equivalente, hoje, ao predomínio de políticas estatais neoliberais e a difusão de preceitos visando à redução ao mínimo do Estado.

Mas, ao mesmo tempo, tanto a *expansão extensiva* como a *expansão intensiva* são assinaladas, já no texto do *Manifesto*, como expedientes a que a burguesia recorre para tentar superar as crises do capitalismo. Vejamos o que diz Marx:

Por quais meios a burguesia supera as crises? Por um lado, pelo extermínio forçado de grande parte das forças produtivas; por outro lado, pela conquista de novos mercados e pela exploração mais metódica dos antigos mercados.[8]

Se parece evidente que o termo *conquista de novos mercados* corresponde ao momento dinâmico que denominamos *expansão extensiva*, o outro termo utilizado, *exploração metódica dos antigos mercados*, deve ser entendido como uma reformulação dos meios e das formas de produção — que abrange desde a tecnologia empregada na produção até as formas de manejo da mão de obra no interior do processo produtivo — que não pode ser levada adiante sem a derrubada de obstáculos — jurídicos, culturais etc. — e por uma intensificação da padronização específica da economia capitalista sobre as demais esferas do mundo social.

A MARCA DA CONTRADIÇÃO

Para apresentar o núcleo da contradição imanente ao mundo moderno, matriz do conflito social ininterrupto que perpassa o capitalismo, Marx recorre, novamente, apenas a um esquema interpretativo mínimo que toma por fio condutor da exposição. Da mesma forma que, na sociedade feudal, em certo estágio de desdobramento dos meios de produção e de circulação sobre cujas bases a burguesia se formou, as relações feudais de propriedades foram percebidas como um entrave, no mundo moderno, o potencial inscrito nas forças produtivas e no trabalho social não pode se desenvolver plenamente nas atuais condições de produção e segundo as relações sociais estabelecidas.

---

8. Ver p. 60.

As relações burguesas de produção e de propriedade, em suma, a moderna sociedade burguesa assemelha-se ao "feiticeiro que já não consegue mais dominar os poderes subterrâneos que invocou". Uma contraprova disso seria a própria história da indústria e do comércio — na perspectiva de Marx —, marcada há decênios pela "revolta das modernas forças produtivas contra as modernas relações de produção, contra as relações de propriedade que constituem as condições vitais da burguesia e de sua dominação".

Outros sintomas dessa contradição, além das cada vez mais frequentes sublevações do proletariado, seriam as recorrentes crises comerciais, no *Manifesto* denominadas *epidemias da superprodução*. O melhor argumento a favor da tese de que as forças produtivas que estão à disposição da sociedade estão emperradas pelas relações de propriedade burguesas, seria fornecido, no *Manifesto*, pelos expedientes utilizados pela burguesia para superar tais crises, em especial o extermínio forçado de forças produtivas. Cabe acrescentar que, mesmo a utilização dos outros expedientes, a conquista a qualquer preço de novos mercados, ou a intensificação da exploração metódica dos antigos mercados costumam, como se sabe, desembocar em guerras ou em rebeliões.

A exposição do proletariado, no decorrer do *Manifesto*, embora possa ser remetida ao quadro histórico-econômico próprio do mundo moderno, não privilegia as mediações econômicas, mas, antes, a história de sua formação política. De modo geral, Marx salienta que, na mesma medida em que a burguesia, ou melhor, o capital também se desdobra, o proletariado se desenvolve. De tal forma que,

as armas com as quais a burguesia derruiu o feudalismo voltam-se agora contra a própria burguesia. Mas a burguesia não forjou apenas as armas que lhe trazem a morte; ela produziu também os homens que portarão essas armas — os operários modernos, os *proletários*.[9]

Embora, ao longo da tradição marxista, em especial nas linhagens da Segunda (1889-1916) e da Terceira Internacional (1919-43), a noção de classe operária tenda a ser compreendida dentro de um figurino estrito, associado em geral, ao trabalho na *grande indústria*, no *Manifesto do partido comunista*, Marx determina, de modo genérico, o proletariado como aqueles que "só subsistem enquanto encontram trabalho, e só encontram trabalho enquanto seu trabalho aumenta o capital".

Esse modo de compreender a inserção social do proletariado destaca a submissão do mundo do trabalho à lógica econômica do mercado: os "operários, que têm de se vender um a um, são uma mercadoria como qualquer outro artigo de comércio e, por isso, igualmente expostos a todas as vicissitudes da concorrência, a todas as oscilações do mercado".

Em nossos termos, podemos então dizer que a dinâmica da *expansão intensiva*, própria do capitalismo, afeta o proletariado no âmago da sua inserção — e integração — social, enquanto força de trabalho, consolidando-se como um dos principais obstáculos à sua organização e formação política. Esse processo foi destacado por Marx como uma forma de reificação típica da situação do trabalho no capitalismo. Primeiro, o trabalhador perde sua autonomia, pela via da expansão da maquinaria e pela ampliação da divisão de trabalho no interior do processo de produção, tornando-se quase um mero acessório da máquina; mas sobretudo, ele passa doravante a estar submetido, no interior da fábrica, ao *despotismo*: "Eles não apenas são servos da classe burguesa,

9. Ver p. 61.

do Estado burguês; diariamente e a cada hora eles são escravizados pela máquina, pelo supervisor e, sobretudo, por cada um dos fabricantes burgueses".

A *expansão extensiva*, por outro lado, reponde sistematicamente àquele processo que Marx irá designar, em *O Capital*, como *acumulação primitiva*, cria um incessante contingente de *empregáveis* que intensifica a concorrência entre os trabalhadores. Ao reduzir os custos do trabalho para o capital, esse excesso de oferta de mão de obra acaba por empurrar os proventos da classe operária ao patamar mínimo, configurado pelos valores necessários à mera reprodução da espécie.

A formação política do proletariado, descrita no *Manifesto do Partido Comunista*, afigura-se, portanto, como uma forma de superação, seja da alienação própria ao mundo do trabalho, seja dos resultados da incessante concorrência entre os trabalhadores gerada pela recorrente reprodução da mão de obra. Nesse sentido, um dos pressupostos práticos do *Manifesto*, a tarefa de contribuir para a organização do proletariado em um partido político, não pode ser vista como um objetivo descolado da necessidade de superar esses obstáculos.

Marx descreve, passo a passo, a constituição do proletariado como *sujeito histórico* por meio de uma série de percalços que moldaram sua formação como agente político:

No início lutam os operários isolados, depois os operários de uma fábrica, depois os operários de um ramo industrial, numa mesma região, contra um burguês particular, que os explora diretamente. Eles dirigem os seus ataques não apenas contra as relações de produção burguesas; eles os dirigem contra os próprios instrumentos de produção; eles aniquilam as mercadorias estrangeiras concorrentes, destroçam as máquinas, ateiam fogo nas fábricas, buscam reconquistar a soterrada posição do trabalhador medieval.[10]

Essa massa, ainda dispersa e fragmentada pela concorrência, só se insere na luta política em favor da burguesia. Desse modo, "combatem não os seus inimigos, mas sim os inimigos de seus inimigos". Mas, mesmo que toda vitória conquistada, nesse momento, seja afinal das contas uma vitória da burguesia, é por meio de tais lutas que o proletariado inicia seu aprendizado, encaminhando sua formação propriamente política.

Só mais tarde, o poder social do proletariado deixa de ser algo latente e se torna efetivo: "com o desenvolvimento da indústria, não apenas se multiplica o proletariado, este é agregado em massas cada vez maiores, sua força cresce e torna-se mais perceptível para ele mesmo". A força social do proletariado consuma-se com sua organização em escala nacional nos moldes de um agrupamento plenamente político. Essa forma de associação, alicerçada em formas de organização que começam no interior das fábricas, é impulsionada pela conjugação de uma série de fatores, próprios da grande indústria — e que hoje, no mundo da desregulamentação e da flexibilização do trabalho, tendem cada vez mais a desaparecer. Primeiro, destaca-se a tendência à homogeneização do proletariado, resultado da implantação da *grande indústria*, acarretando uma diminuição da desigualdade no interior do proletariado — desigualdade essa que muito dificultou sua organização em momentos anteriores. Essa tendência à generalização do conflito culmina em formas de organização que constituem propriamente o

---

10. Ver p. 63.

proletariado como classe, agente político, ou melhor, como *sujeito histórico*.

Pode-se considerar que a aposta de Marx, recorrente ao longo do *Manifesto do Partido Comunista*, atribui ao proletariado a possibilidade de desempenhar na história papel equivalente ao exercido pela burguesia. Vale dizer que, para Marx, a classe operária tem a possibilidade de se posicionar como agente determinante do destino histórico do mundo moderno.

Esse engajamento da classe operária em um projeto de transformação social não é apresentado como um resultado automático e necessário decorrente das condições econômicas e sociais da sociedade burguesa. Marx adverte o tempo todo que os incessantes esforços para organizar o proletariado em partido político são, a cada instante, contrariados pela concorrência entre os próprios operários, bem como pela reificação, condições inerentes a sua situação no capitalismo.

Como vimos, com a *grande indústria* ampliam-se alguns fatores que contribuem para intensificar a força social do proletariado. Uma vez completa a sua formação política, a classe operária amplia sua capacidade de liderança no conjunto configurado pelas diversas classes que se defrontam com a burguesia — os estratos médios, o pequeno industrial, o pequeno comerciante, o artesão, o camponês etc. —, chegando inclusive a obter a adesão e o apoio esporádico de setores da própria classe dominante, ameaçados em suas condições de vida.

Todos esses fatores são, entretanto, contrabalançados pelos obstáculos cristalizados na reificação e pela concorrência entre os trabalhadores. A generalização da forma-mercadoria, aquela dinâmica que chamamos de *expansão intensiva*, dificulta não só a afirmação do proletariado como sujeito histórico, mas a própria reflexão acerca dos problemas inscritos no cerne da sociedade capitalista, uma vez que a reificação, originariamente atuante no mundo do trabalho, estende-se para todas as esferas da vida, isto é, para todos os setores da sociedade.

Nota do tradutor

MARCUS MAZZARI

Esta tradução do *Manifesto do Partido Comunista* foi feita a partir do texto estabelecido no primeiro volume dos escritos selecionados de Marx e Engels: *Marx–Engels: Ausgewählte Schriften in 2 Bänden*, Dietz Verlag, Berlim, 1982.[1] Utilizou-se ainda o texto editado por Siegfried Landshut no volume *Karl Marx: Die Frühschriften — Von 1837 bis zum Manifest der kommunistischen Partei 1848*, Alfred Kröner Verlag, Stuttgart, 1971.[2] O tradutor gostaria de expressar o seu agradecimento a Zenir Campos Reis pela leitura, acompanhada de valiosas observações, da primeira versão deste texto. Registra ainda, igualmente agradecido, que teve a oportunidade de discutir alguns passos desta tradução com Alfredo Bosi.

1. Páginas 17–57.
2. Páginas 525–560.

Manifesto comunista

Prefácio à edição alemã de 1872

A Liga dos Comunistas, uma associação operária internacional que, sob as condições de então, evidentemente só podia ser uma associação secreta, incumbiu os abaixo-assinados, no congresso realizado em Londres, em novembro de 1847, da redação de um detalhado programa teórico e prático do partido, destinado à publicação. Surgiu assim o *Manifesto* que se segue, cujo manuscrito se encaminhou para a impressão em Londres poucas semanas antes da Revolução de Fevereiro. Publicado primeiramente em alemão, foi reproduzido nesta língua na Alemanha, na Inglaterra e na América, em pelo menos doze edições diferentes. Em inglês, apareceu primeiramente no ano de 1850 em Londres, no *Red Republican*, traduzido por Miss Helen MacFarlane, e em 1871 apareceu em pelo menos três traduções diferentes na América. Em francês, surgiu primeiro em Paris, pouco antes da insurreição de junho de 1848, e recentemente no *Le Socialiste* de Nova York. Uma nova tradução está sendo preparada. Em polonês, apareceu em Londres pouco depois de sua primeira edição alemã. Em russo, em Genebra, nos anos sessenta. Foi igualmente traduzido para o dinamarquês pouco depois da sua publicação.

Por mais que as relações tenham se modificado nos últimos 25 anos, os princípios gerais desenvolvidos neste *Manifesto* conservam, ainda hoje, vistos em conjunto, sua plena justeza. Detalhes poderiam ser melhorados aqui e ali. A aplicação prática desses princípios, declara o próprio *Manifesto*, irá depender por toda parte e a todo tempo das circunstâncias historicamente dadas e, por isso, não se atribui em absoluto peso especial às medidas revolucionárias propostas no final do segmento II. Sob muitos aspectos, esse passo se formularia hoje de maneira diferente. Em face do imenso desenvolvimento da grande indústria nos últimos 25 anos e, ao lado desse desenvolvimento, da crescente organização partidária da classe operária; em face das experiências práticas, primeiro na Revolução de Fevereiro e, bem mais ainda, na Comuna de Paris, em que o proletariado deteve pela primeira vez, ao longo de dois meses, o poder político, este programa está hoje parcialmente envelhecido. A Comuna, particularmente, forneceu a prova de que "a classe operária não pode simplesmente tomar posse da máquina de Estado constituída e colocá-la em movimento para os seus próprios objetivos".[1] Além disso, é natural que a crítica da literatura socialista seja lacunar para os dias de hoje, pois chega apenas até o ano de 1847; igualmente natural que as observações sobre a posição dos comunistas em relação aos diversos partidos oposicionistas (segmento IV), se ainda corretas em seus traços fundamentais, já estejam hoje, no entanto, envelhecidas em sua apresentação, uma vez que a situação política

---

1. Ver *A guerra civil na França. Mensagem do Conselho Geral da Associação Internacional dos Trabalhadores*, obra na qual isso se encontra mais desenvolvido. [N. T.]

PREFÁCIO À EDIÇÃO ALEMÃ DE 1872

se reconfigurou totalmente e o desenvolvimento histórico varreu do mapa a maioria dos partidos ali enumerados.

Entretanto, o *Manifesto* é um documento histórico, que não nos arrogamos mais o direito de modificar. Talvez apareça uma edição posterior acompanhada de uma introdução que cubra o período de 1847 até o momento atual; a presente reimpressão pegou-nos demasiado desprevenidos para que pudéssemos ter tempo para isso.

Londres, 24 de junho de 1872
KARL MARX E FRIEDRICH ENGELS

Prefácio à edição alemã de 1883

Tenho de assinar sozinho, infelizmente, o prefácio à presente edição. Marx, o homem a quem toda a classe trabalhadora da Europa e da América deve mais do que a qualquer outro — Marx descansa no cemitério de Highgate, e sobre o seu túmulo já cresce a primeira relva. Desde a sua morte, já não há como falar em refundir ou complementar o *Manifesto*. Pelo que considero tanto mais necessário registrar aqui expressamente, mais uma vez, o seguinte.

O pensamento fundamental que atravessa o *Manifesto* postula que a produção econômica e a estruturação social de toda época histórica, necessariamente decorrente daquela, constituem a base da história política e intelectual dessa época; que, em consonância com isso, toda a história (desde a dissolução da primitiva propriedade comum da terra e do solo) tem sido uma história das lutas de classes, lutas entre classes exploradas e exploradoras, classes dominadas e dominantes, em diferentes estágios do desenvolvimento social; mas que essas lutas alcançaram agora um estágio em que a classe explorada e oprimida (o proletariado) não pode mais se libertar da classe que a explora e oprime (a burguesia) sem ao mesmo tempo libertar toda a sociedade, para sempre, da exploração, da opressão e da luta de classes — este pensamento fundamental pertence única e exclusivamente a Marx.[1]

Eu já o declarei frequentes vezes; mas justamente agora é necessário que isso preceda o próprio *Manifesto*.

Londres, 28 de junho de 1883
FRIEDRICH ENGELS

---

[1] "Desse pensamento", digo eu no prefácio à tradução inglesa, "que no meu modo de ver está destinado a fundamentar para a ciência da história o mesmo progresso que a teoria de Darwin fundamentou para as ciências naturais — desse pensamento, nós dois já nos havíamos paulatinamente aproximado alguns anos antes de 1845. Até que ponto eu avançara nessa direção por conta própria, mostra-o o meu *Situação da classe trabalhadora na Inglaterra*. Mas quando reencontrei Marx em Bruxelas, na primavera de 1845, ele o tinha formulado de maneira acabada e o expôs a mim em palavras quase tão claras como estas com que eu o resumi acima." [Nota de F. Engels inserida posteriormente na edição alemã de 1890.]

Prefácio à edição alemã de 1890

Desde que as linhas acima foram escritas,[1] uma nova edição alemã do *Manifesto* tornou-se mais uma vez necessária; e, desde então, também aconteceram as mais variadas coisas com o *Manifesto*, as quais cumpre mencionar aqui.

Uma segunda tradução russa — de autoria de Vera Zassúlitch — apareceu em Genebra no ano de 1882;[2] o prefácio para a mesma foi redigido por Marx e por mim. Infelizmente, o manuscrito original em alemão desapareceu de minha vista, de modo que tenho de retraduzir do russo, o que de modo algum será um ganho para o trabalho. O prefácio diz:

> Quão limitado era o espaço ocupado então (dezembro de 1847) pelo movimento proletário, demonstra-o com máxima clareza o capítulo conclusivo do *Manifesto*: "Posição dos comunistas em relação aos diversos partidos oposicionistas". É que faltam aqui precisamente a Rússia e os Estados Unidos. Por essa época, a Rússia representava a última grande reserva da panreação europeia, enquanto os Estados Unidos absorviam por meio da imigração o excedente de forças proletárias da Europa. Ambos os países abasteciam a Europa com matérias-primas e constituíam, ao mesmo tempo, mercados consumidores para os seus produtos industrializados. Portanto, ambos os países eram, então, de uma maneira ou de outra, os alicerces da ordem europeia em vigor.

1. Engels refere-se ao prefácio para a edição alemã de 1883. [N. T.]
2. Engels se equivoca aqui quanto ao tradutor desta segunda edição russa do *Manifesto*, confundindo Vera Ivânovna Zassúlitch com Georgi Plekhanov, ambos membros do grupo Libertação do trabalho. [N. T.]

Como está tudo diferente hoje! Exatamente, a imigração europeia capacitou a América do Norte a alcançar uma colossal produção agrícola, cuja concorrência abala a propriedade fundiária europeia — tanto a grande quanto a pequena — em seus fundamentos. Além disso, essa imigração permitiu aos Estados Unidos explorar os seus gigantescos recursos industriais com uma energia e numa escala que em breve haverão de romper o monopólio industrial, que vem vigorando até hoje, da Europa ocidental, em especial o da Inglaterra. Essas duas circunstâncias retroagem revolucionariamente sobre a própria América. A propriedade fundiária média e pequena dos *farmers*, base da constituição política em seu conjunto, vai sucumbindo aos poucos à concorrência das enormes *farms*; ao mesmo tempo, nos distritos industriais vão se desenvolvendo pela primeira vez uma massa proletária e uma fabulosa concentração de capitais.

E agora a Rússia! Durante a Revolução de 1848 e 1849, não apenas os príncipes europeus, mas também os burgueses encontraram na intervenção russa a única salvação diante do proletariado que ia então despertando. O czar foi proclamado chefe da reação europeia. Hoje ele está como prisioneiro de guerra da revolução na *Gátchina*,[3] e a Rússia representa a vanguarda da ação revolucionária da Europa.

O *Manifesto comunista* tinha por tarefa proclamar a dissolução, inevitavelmente iminente, da moderna propriedade burguesa. Na Rússia, todavia, em confronto com o engodo capitalista, que floresce rapidamente, e com a propriedade fundiária burguesa, que só agora se desenvolve, encontramos mais da metade das terras sob a posse comunitária dos camponeses. Pergunta-se então: poderá a *Ôbschina*[4] russa — uma forma, ainda que fortemente solapada, da primitiva posse comunitária do solo — transitar de modo imediato para a forma mais elevada da posse comunitária comunista?

---

3. Referência à suntuosa residência imperial na cidade de Gatchina, situada a 40 km ao sul de São Petersburgo. [N. T.]
4. Nome de uma espécie de cooperativa de aldeias na Rússia czarista. Deriva das palavras *ôbschina*, "comunidade", "união", e de *ôbschii*, "comum", "comunitário". [N. T.]

PREFÁCIO À EDIÇÃO ALEMÃ DE 1890

Ou, ao contrário, ela terá entes de percorrer o mesmo processo de dissolução que constitui o desenvolvimento histórico do Ocidente?

A única resposta que hoje em dia é possível dar a essa questão diz: se a revolução russa converter-se em sinal para uma revolução proletária no Ocidente, de tal modo que ambas se complementem, então a atual propriedade comum do solo na Rússia poderá contribuir para deflagrar um desdobramento comunista.[5]

Uma nova tradução polonesa apareceu por essa mesma época em Genebra: *Manifest kommunistyczny*.

Além disso, surgiu uma nova tradução dinamarquesa na *Socialdemokratisk Bibliotek*, em Copenhague, no ano de 1885. Infelizmente não é inteiramente completa; algumas passagens fundamentais, que parecem ter apresentado dificuldades ao tradutor, foram suprimidas e, ademais, aqui e ali se podem notar vestígios de desatenção, que ressaltam de maneira tanto mais desagradável quanto se percebe pelo trabalho que o tradutor poderia ter realizado algo excelente com um pouco mais de cuidado.

No ano de 1886 apareceu uma nova tradução francesa no *Le Socialiste*, em Paris; é a melhor entre todas as traduções publicadas até hoje.

Depois desta, publicou-se, no mesmo ano, uma tradução espanhola, primeiramente no periódico madrileno *El Socialista* e, depois, em forma de brochura: *Manifiesto del Partido Comunista*, por Carlos Marx y F. Engels, Madrid, Administración de *El Socialista*, Hernán Cortés, 8.

Menciono ainda, como mera curiosidade, que em 1887 o manuscrito de uma tradução armênia foi oferecido a um editor de Constantinopla. Mas o bom homem não teve coragem de imprimir algo que ostentasse o nome de Marx e

---

5. Karl Marx e Friedrich Engels. Londres, 21 de janeiro de 1882.

ponderou que seria melhor se o próprio tradutor se apresentasse como autor, coisa que este, todavia, recusou-se a fazer.

Depois de se ter impresso repetidamente na Inglaterra esta ou aquela das traduções americanas mais ou menos incorretas, apareceu, por fim, uma tradução autêntica no ano de 1888. Ela provém do meu amigo Samuel Moore e antes da impressão foi revisada mais uma vez por nós dois. O título é: *Manifesto of the Communist Party*, de Karl Marx e Frederick Engels. Tradução inglesa autorizada, editada e comentada por Frederick Engels, 1888. Londres, Willian Reeves, 185, Fleet Street, E. C. Algumas das notas de rodapé dessa edição inglesa foram incorporadas por mim à presente edição.

O *Manifesto* teve uma trajetória própria. Saudado entusiasticamente, quando de seu surgimento, pela então ainda pouco numerosa vanguarda do socialismo científico (como atestam as traduções elencadas no primeiro prefácio), ele logo foi constrangido a um segundo plano pela reação que se iniciou com a derrota dos trabalhadores parisienses em junho de 1848; e, por fim, proscrito e anatematizado *em virtude da lei* com a condenação dos comunistas de Colônia em novembro de 1852. Desaparecendo o movimento operário da cena pública, processo esse que data da Revolução de Fevereiro, também o *Manifesto* passou para segundo plano.

Quando a classe operária europeia se fortaleceu suficientemente para uma nova investida contra o poderio das classes dominantes, surgiu a Associação Internacional dos Trabalhadores. Ela tinha por finalidade fundir todo o operariado militante da Europa e da América num grande corpo de exército. Por isso, ela não podia tomar como ponto de partida os princípios estabelecidos no *Manifesto*. Ela precisava ter um programa que não fechasse as portas às *Trades Unions* inglesas, aos proudhonianos franceses, belgas, italianos e espanhóis, aos seguidores alemães de Lassale.[6] Esse programa — os considerandos para os estatutos da Internacional — foi esboçado por Marx com uma mestria reconhecida até mesmo por Bakunin e pelos anarquistas. Para a vitória final das sentenças estabelecidas no *Manifesto*, Marx confiava única e exclusivamente no desenvolvimento intelectual da classe operária, o que necessariamente deveria decorrer da ação unificada e da discussão. Os acontecimentos e as vicissitudes na luta contra o capital, as derrotas ainda mais do que os êxitos, não podiam deixar de revelar aos militantes a insuficiência das panaceias a que, até então, se apegavam, de abrir suas cabeças para uma percepção profunda das verdadeiras condições da emancipação dos trabalhadores. E Marx tinha razão. A classe operária de 1874, quando da dissolução da Internacional, era completamente diferente daquilo que fora em 1864, quando de sua fundação. O proudhonismo nos países românicos, o lassalleanismo específico da Alemanha estavam em extinção, e mesmo as *Trades Unions* inglesas, então visceralmente conservadoras, marchavam aos poucos rumo ao ponto em que, no ano de 1887, o presidente de seu congresso em Swansea pôde dizer em nome delas: "O socialismo continental perdeu, para nós, o seu aspecto aterrorizador". Mas já em 1887, o socialismo continental era quase que tão somente a teoria anunciada no *Manifesto*. E, assim, a história do *Manifesto* es-

---

6. Pessoalmente, Lassale sempre se declarava, perante nós, como *discípulo* de Marx e era óbvio que se situasse, como tal, no campo do *Manifesto*. Outra coisa se dava com aqueles entre os seus adeptos que não iam além de sua reivindicação de cooperativas de produção com crédito estatal e que dividiam toda a classe trabalhadora em dois grupos: aqueles que recebem auxílio estatal e aqueles que dependem apenas de si mesmos. [Nota de F. Engels.]

pelha até certo grau a história do moderno movimento operário a partir de 1848. Nos dias de hoje, é indubitavelmente o produto mais difundido e mais internacional do conjunto da literatura socialista, o programa comum de milhões de trabalhadores de todos os países, da Sibéria até a Califórnia.

E, contudo, quando o texto apareceu, não poderíamos tê-lo denominado manifesto socialista. Em 1847, entendiam-se por socialistas duas espécies de pessoas. Por um lado, os adeptos dos diferentes sistemas utópicos, especialmente os seguidores de Robert Owen, na Inglaterra, e os de Charles Fourier, na França, sendo que ambos já haviam se reduzido então à condição de meras seitas, que iam se extinguindo aos poucos. Por outro lado, os charlatões sociais de todos os matizes que, com as suas diversas panaceias e com todo tipo de trabalho de remendo, queriam eliminar as mazelas da sociedade sem causar o menor dano ao capital e ao lucro. Em ambos os casos, tratava-se de pessoas que se situavam fora do movimento operário e, antes, buscavam apoio junto às classes *cultas*. Em contrapartida, aquela parcela dos trabalhadores que, convencida da insuficiência de um mero revolucionamento político, reivindicava uma reconfiguração profunda da sociedade, esta parcela se denominava então comunista. Era um comunismo apenas toscamente elaborado, apenas instintivo e, por vezes, um tanto cru; mas já era suficientemente poderoso para gerar dois sistemas de comunismo utópico: na França, o *icariano*, de Étienne Cabet e, na Alemanha, o de Wilhelm Weitling. Em 1847, socialismo significava um movimento burguês enquanto comunismo, um movimento operário. O socialismo, pelo menos na Europa continental, era socialmente apresentável, o comunismo era exatamente o oposto. E uma vez que, já naquela época, tínhamos a firme opinião de que "a emancipação dos trabalhadores devia ser obra da própria classe trabalhadora", não podíamos duvidar nem um só instante sobre qual dos dois nomes escolher. Desde então, também jamais nos ocorreu refutá-lo.

"Proletários de todos os países, uni-vos!" Somente poucas vozes responderam quando lançamos essas palavras ao mundo, já há 42 anos, às vésperas da primeira revolução parisiense, na qual o proletariado entrou em cena com reivindicações próprias. Mas, em 28 de setembro de 1864, proletários da maioria dos países da Europa ocidental uniam-se na Associação Internacional dos Trabalhadores, de gloriosa memória. A Internacional, todavia, viveu apenas nove anos. Mas, que a eterna aliança dos proletários de todos os países, fundada por ela, ainda vive, e com mais força do que nunca — para este fato não há melhor testemunho do que, exatamente, o presente dia. Pois hoje, enquanto eu escrevo estas linhas, o proletariado europeu e americano passa em revista suas forças de combate mobilizadas pela primeira vez — mobilizadas como um exército, sob uma bandeira e para um objetivo próximo: a implantação legal da jornada de trabalho de oito horas, proclamada já em 1866 pelo Congresso da Internacional em Genebra e, reiteradamente, pelo Congresso Operário parisiense em 1889. E o espetáculo do presente dia haverá de abrir os olhos dos capitalistas e proprietários fundiários de todos os países para o fato de que hoje os proletários de todos os países estão efetivamente unidos.

Estivesse Marx ainda ao meu lado, para ver isso com os próprios olhos!

Londres, 1º de maio de 1890
FRIEDRICH ENGELS

Manifesto do Partido Comunista

Um espectro ronda a Europa — o espectro do comunismo. Todas as potências da velha Europa aliaram-se numa sagrada perseguição a esse espectro, o papa e o czar, Metternich e Guizot, radicais franceses e policiais alemães.

Onde está o partido de oposição que não tenha sido difamado como comunista pelos seus adversários governistas, onde está o partido de oposição que não tenha arremessado de volta, aos opositores mais progressistas tanto quanto aos seus adversários reacionários, a pecha estigmatizante do comunismo?

Duas coisas decorrem desse fato.

O comunismo já é reconhecido como uma potência por todas as potências europeias.

Já é tempo de os comunistas exporem abertamente, perante o mundo todo, a sua maneira de pensar, os seus objetivos, as suas tendências, e de contraporem ao conto da carochinha[1] sobre o espectro do comunismo um manifesto do próprio partido.

---

1. Conto da carochinha corresponde no original a *Märchen*, forma diminutiva do antigo substantivo *Mär* ou *Märe*, com o significado, que se constituiu no século XV, de "notícia ou história inverossímil". *Märchen* só existe em alto-alemão, não tendo, portanto, nenhuma correspondência nos vários dialetos alemães ou em qualquer outra língua: *conte de fées*, em francês; *fairy-tale*, em inglês; *sprookje*, em holandês. Em português traduz-se como *conto de fadas*, *carochinha* ou *conto maravilhoso*. A pa-

Com esse objetivo, reuniram-se em Londres comunistas das mais diversas nacionalidades e esboçaram o seguinte manifesto, que está sendo publicado em idioma inglês, francês, alemão, italiano, flamengo e dinamarquês.

BURGUESES E PROLETÁRIOS[2]

A história de todas as sociedades até o presente[3] é a história das lutas de classes.

lavra ganha notoriedade ao ser empregada pelos irmãos Grimm como título para a sua coletânea de narrativas populares publicada entre 1812 e 1815: *Kinder- und Hausmärchen*, "Contos maravilhosos para crianças e famílias". Menos de quatro anos antes da redação do *Manifesto*, Heinrich Heine (1797–1856), com quem Marx tivera intensa convivência entre 1843 e 1844, publica o seu longo poema satírico *Deutschland. Ein Wintermärchen*, "Alemanha. Um conto maravilhoso de inverno". [N. T.]

2. Por burguesia entende-se a classe dos modernos capitalistas, que são os proprietários dos meios de produção social e exploram o trabalho assalariado. Por proletariado, compreende-se a classe dos modernos operários assalariados que, uma vez que não possuem meios de produção próprios, estão na dependência de vender a sua força de trabalho para poder viver. [Nota de F. Engels para a edição inglesa de 1888.]

3. Isto significa, dito de maneira exata, a história legada pela *escrita*. Em 1847, a pré-história da sociedade, a organização social que precedeu toda a história escrita, ainda era praticamente desconhecida. Desde então, Haxthausen descobriu a propriedade comum do solo na Rússia, Maurer demonstrou que ela é a base social da qual derivaram historicamente todas as tribos alemãs, e aos poucos verificou-se que comunidades aldeãs com propriedade comum do solo constituíram a forma primordial da sociedade, da Índia até a Irlanda. Por fim, a organização interna dessa sociedade comunista primitiva foi desvendada, em sua forma típica, pela descoberta culminante de Morgan sobre a verdadeira natureza da *gens* e de sua relação com a tribo. Com a dissolução desses sistemas comunitários primordiais, começa a cisão da sociedade em classes especiais e, por fim, em classes mutuamente opostas. Tentei acompanhar esse processo de dissolução em minha obra *A origem da família, da propriedade*

Homem livre e escravo, patrício e plebeu, senhor feudal e servo, membro de corporação e oficial-artesão, em síntese, opressores e oprimidos estiveram em constante oposição uns aos outros, travando uma luta ininterrupta, ora dissimulada, ora aberta, que a cada vez terminava com uma reconfiguração revolucionária de toda a sociedade ou com a derrocada comum das classes em luta.

Nas épocas remotas da história, encontramos por quase toda parte uma estruturação completa da sociedade em diferentes estamentos, uma gradação multifacetada das posições sociais. Na Roma Antiga temos patrícios, cavaleiros,[4] plebeus, escravos; na Idade Média temos senhores feudais, vassalos, membros de corporação, oficiais-artesãos, servos, e ainda, em quase cada uma dessas classes, novas gradações particulares.

A moderna sociedade burguesa, emergente do naufrágio da sociedade feudal, não aboliu os antagonismos de classes. Ela apenas colocou novas classes, novas condições de opressão, novas estruturas de luta no lugar das antigas.

A nossa época, a época da burguesia, caracteriza-se, contudo, pelo fato de ter simplificado os antagonismos de classes. A sociedade toda cinde-se, mais e mais, em dois grandes campos inimigos, em duas grandes classes diretamente confrontadas: burguesia e proletariado.

---

privada e do Estado, 2ª edição, Stuttgart, 1886. [Nota de F. Engels para a edição inglesa de 1888.]

4. Marx e Engels referem-se aqui à nobreza detentora do poder financeiro na antiga Roma, os membros da cavalaria, *equites*, que governavam ao lado da nobreza senatorial. Membros desse estamento da Roma Imperial foram, por exemplo, os poetas Virgílio e Ovídio. [N. T.]

Dos servos da Idade Média advieram os burgueses das paliçadas,[5] que habitavam as primeiras cidades; deste estamento medieval desenvolveram-se os primeiros elementos da burguesia.

A descoberta da América, a circum-navegação da África criaram um novo campo para a burguesia ascendente. Os mercados das Índias Orientais e da China, a colonização da América, o intercâmbio com as colônias, a multiplicação dos meios de troca e das mercadorias em geral deram ao comércio, à navegação, à indústria um impulso jamais conhecido; e, com isso, imprimiram um desenvolvimento acelerado ao elemento revolucionário na sociedade feudal em desagregação.

O funcionamento feudal ou corporativo da indústria, existente até então, já não bastava para as necessidades que cresciam com os novos mercados. A manufatura tomou o seu lugar. Os mestres de corporação foram sufocados[6] pelo estrato médio industrial; a divisão do trabalho entre

---

5. No original, o termo correspondente a "burgueses das paliçadas" é *Pfahlbürger*, que designa os habitantes, na Baixa Idade Média, do espaço situado entre as muralhas do castelo e uma circundante fronteira de paliçada. Em sua condição social, o *Pfahlbürger* no Medievo alemão corresponde parcialmente ao *vilão* do feudalismo português. Em sentido figurado, passou a significar, nos séculos posteriores, uma pessoa demasiado tacanha, de concepções convencionais e enrijecidas. Com essa mesma conotação metafórica, os termos *Pfahlbürger* e *Pfahlbürgertum*, "burguesia das paliçadas", aparecem, a partir da segunda metade do século xix, em romances como *O verde Henrique*, do suíço Gottfried Keller, ou ainda *Buddenbrooks* e *Doutor Fausto*, de Thomas Mann. [N. T.]

6. Marx e Engels empregam em várias passagens desse primeiro segmento o verbo *verdrängen*, que em contexto psicológico ou psicanalítico se traduz comumente como "recalcar" — e enquanto substantivo, *Verdrängung*, "recalque". No sentido em que aparece no *Manifesto*, esse verbo alemão pode ser traduzido como "desalojar", "expulsar", "tirar do lugar",

as diversas corporações desapareceu em face da divisão do trabalho no interior da própria oficina particular.

Mas os mercados continuavam a crescer, continuava a aumentar a necessidade de produtos. Também a manufatura já não bastava mais. Então o vapor e a maquinaria revolucionaram a produção industrial. A grande indústria moderna tomou o lugar da manufatura; o lugar do estrato médio industrial foi tomado pelos milionários industriais, os chefes de exércitos industriais inteiros, os burgueses modernos.

A grande indústria criou o mercado mundial, que a descoberta da América preparara. O mercado mundial deu ao comércio, à navegação, às comunicações por terra um desenvolvimento incalculável. Este, por sua vez, reagiu sobre a expansão da indústria, e na mesma medida em que indústria, comércio, navegação, estradas de ferro se expandiam, nessa mesma medida a burguesia se desenvolvia, multiplicava os seus capitais, empurrava a um segundo plano todas as classes provenientes da Idade Média.

Vemos, portanto, como a própria burguesia moderna é o produto de um longo processo de desenvolvimento, de uma série de revolucionamentos[7] nos meios de produção e de transporte.

Cada uma dessas etapas de desenvolvimento da burguesia veio acompanhada de um progresso político correspondente. Estrato social oprimido sob o domínio dos senhores feudais, associação armada e com administração autônoma na co-

---

"deslocar", ou ainda — guardando uma relação com a conotação presente em "recalcar" — "sufocar", conforme a opção feita nesta tradução. [N. T.]

7. O substantivo "revolucionamento" traduz aqui, via de regra, *Umwälzung*, que Marx e Engels empregam várias vezes no *Manifesto* como espécie de variante de *Revolution*. [N. T.]

muna;[8] aqui, cidade-república independente, ali, terceiro Estado tributário da monarquia; depois, na era da manufatura, contrapeso à nobreza na monarquia estamental ou absoluta; base principal das grandes monarquias de uma forma geral, a burguesia conquistou finalmente para si, desde a criação da grande indústria e do mercado mundial no moderno Estado representativo, o domínio político exclusivo. O poder estatal moderno é apenas uma comissão que administra os negócios comuns do conjunto da classe burguesa.

A burguesia desempenhou na história um papel extremamente revolucionário.

Onde quer que a burguesia tenha chegado ao poder, ela destruiu todas as relações feudais, patriarcais, idílicas. Ela rompeu impiedosamente os variados laços feudais que atavam o homem ao seu superior natural, não deixando nenhum outro laço entre os seres humanos senão o interesse nu e cru, senão o insensível *pagamento à vista*. Ela afogou os arrepios sagrados do arroubo religioso, do entusiasmo cavalheiresco, da plangência do filisteísmo burguês, nas águas gélidas do cálculo egoísta. Ela dissolveu a dignidade pessoal em valor de troca e, no lugar das inúmeras liberdades atestadas em documento ou valorosamente conquistadas, colocou *uma* única inescrupulosa liberdade de comércio. A burguesia, em uma palavra, colocou no lugar da exploração ocultada por ilusões religiosas e políticas a exploração aberta, desavergonhada, direta, seca.

---

8. As cidades que iam surgindo na França se autodenominavam *comunas* mesmo antes de conseguirem arrebatar aos seus mestres e senhores feudais autoadministração local e direitos políticos como *terceiro Estado*. De forma geral, apresentamos aqui a Inglaterra como país típico para o desenvolvimento econômico da burguesia; para o seu desenvolvimento político, a França. [Nota de F. Engels para a edição inglesa de 1888.]

A burguesia despojou de sua auréola sagrada todas as atividades até então veneráveis, contempladas com piedoso recato. Ela transformou o médico, o jurista, o clérigo, o poeta, o homem das ciências, em trabalhadores assalariados, pagos por ela.

A burguesia arrancou às relações familiares o seu comovente véu sentimental e as reduziu a pura relação monetária.

A burguesia revelou como o dispêndio brutal de forças, que a reação tanto admira na Idade Média, encontrava o seu complemento adequado na mais indolente ociosidade. Apenas ela deu provas daquilo que a atividade dos homens é capaz de levar a cabo. Ela realizou obras miraculosas inteiramente diferentes das pirâmides egípcias, dos aquedutos romanos e das catedrais góticas, ela executou deslocamentos inteiramente diferentes das migrações dos povos e das Cruzadas.

A burguesia não pode existir sem revolucionar continuamente os instrumentos de produção — revolucionar, portanto, as relações de produção e, assim, o conjunto das relações sociais. Conservação inalterada do velho modo de produção foi, ao contrário, a condição primeira de existência de todas as classes industriais anteriores. O revolucionamento contínuo da produção, o abalo ininterrupto de todas as situações sociais, a insegurança e a movimentação eternas distinguem a época burguesa de todas as outras. Todas as relações fixas e enferrujadas, com o seu séquito de veneráveis representações e concepções, são dissolvidas; todas as relações novas, posteriormente formadas, envelhecem antes que possam ossificar-se. Tudo o que está estratificado e em vigor volatiliza-se,[9] todo o sagrado é profanado, e os ho-

---

9. No original alemão, a constatação de que "tudo o que está estratificado e em vigor volatiliza-se" formula-se do seguinte modo: *Alles Ständische und*

mens são finalmente obrigados a encarar a sua situação de vida, os seus relacionamentos mútuos, com olhos sóbrios.

A necessidade de um mercado cada vez mais expansivo para seus produtos impele a burguesia por todo o globo terrestre. Ela tem de alojar-se por toda parte, estabelecer-se por toda parte, construir vínculos por toda parte.

Por meio da exploração do mercado mundial, a burguesia configurou, de maneira cosmopolita, a produção e o consumo de todos os países. Para grande pesar dos reacionários, ela subtraiu à indústria o solo nacional em que esta tinha os pés. As antiquíssimas indústrias nacionais foram aniquiladas e ainda continuam sendo aniquiladas diariamente. São sufocadas por novas indústrias, cuja introdução se torna uma questão vital para todas as nações civilizadas, são sufocadas por indústrias que não mais processam matérias-primas nativas, mas sim matérias-primas próprias das zonas mais afastadas, e cujos produtos são consumidos não apenas no próprio país, mas simultaneamente em todas as partes do mundo. No lugar das velhas necessidades, satisfeitas pelos produtos nacionais, surgem novas necessidades,

---

Stehende verdampft. Graças ao livro de Marshall Bermann *All that is Solid Melts into Air*, de 1982, difundiu-se a formulação, referente a esse passo do *Manifesto*, "tudo que é sólido desmancha no ar". Acontece, porém, que Bermann retirou essas palavras da tradução inglesa realizada por Samuel Moore, a qual, embora autorizada e prefaciada por Friedrich Engels em janeiro de 1888, simplifica ou traduz com excessiva liberdade não poucas passagens do *Manifesto*. É o que também observa Eric Hobsbawn, em sua *Introdução ao Manifesto comunista*, em relação à omissão, por S. Moore, da contração *nela* — isto é, na *revolução* — no fechamento do texto: "Nela os proletários nada têm a perder senão as suas cadeias", que em inglês ficou *The proletarians have nothing to lose but their chains*. Hobsbawn observa: "Embora seja a versão aprovada por Engels, não é uma tradução rigorosamente correta do texto original". Ver *Sobre história*, trad. Cid Knipel Moreira, São Paulo, Companhia das Letras, 1998, p. 298. [N. T.]

que requerem, para a sua satisfação, os produtos dos mais distantes países e climas. No lugar da velha autossuficiência e do velho isolamento locais e nacionais, surge um intercâmbio em todas as direções, uma interdependência múltipla das nações. E o que se dá com a produção material, dá-se também com a produção intelectual. Os produtos intelectuais das nações isoladas tornam-se patrimônio comum. A unilateralidade e a estreiteza nacionais tornam-se cada vez mais impossíveis, e das muitas literaturas nacionais e locais vai se formando uma literatura mundial.[10]

Mediante o rápido aperfeiçoamento de todos os instrumentos de produção, por meio das comunicações infinitamente facilitadas, a burguesia arrasta todas as nações, mesmo as mais bárbaras, para dentro da civilização. Os módicos preços de suas mercadorias são a artilharia pesada com que ela põe abaixo todas as muralhas da China, com que ela constrange à capitulação mesmo a mais obstinada xenofobia dos bárbaros. Ela obriga todas as nações que não queiram desmoronar a apropriar-se do modo de produção da burguesia; ela as obriga a introduzir em seu próprio meio a assim chamada civilização, isto é, a tornarem-se burguesas.

---

10. Provável referência de Marx e Engels ao conceito de literatura mundial, *Weltliteratur*, que Goethe (1749–1832) desenvolve, a partir de 1827, em ensaios, resenhas, cartas e conversas. Em várias dessas manifestações, Goethe também traça paralelos entre a constituição da literatura mundial e a expansão internacional do comércio. Numa conversa datada de 31 de janeiro de 1827, Johann Peter Eckermann registra as seguintes palavras do velho poeta: "Literatura nacional não quer dizer muita coisa agora; chegou a época da literatura universal [*Weltliteratur*] e cada um deve atuar no sentido de acelerar essa época". [N. T.]

Em uma palavra, ela cria para si um mundo à sua própria imagem e semelhança.[11]

A burguesia submeteu o campo ao domínio da cidade. Ela criou cidades enormes, aumentou o número da população urbana, em face da rural, em alta escala e, assim, arrancou do idiotismo[12] da vida rural uma parcela significativa da população. Da mesma forma como torna o campo dependente da cidade, ela torna os países bárbaros e semibárbaros dependentes dos civilizados, os povos agrários dependentes dos povos burgueses, o Oriente dependente do Ocidente.

A burguesia vem abolindo cada vez mais a fragmentação dos meios de produção, de propriedade e também a fragmentação da população. Ela aglomerou a população, centralizou os meios de produção e concentrou a propriedade em poucas mãos. Consequência necessária disso tudo foi a centralização política. Províncias independentes, quase que tão somente aliadas, com interesses, leis, governos e sistemas aduaneiros diversificados, foram aglutinadas

---

11. Num hino do jovem Goethe de 1774 muito admirado por Marx, intitulado *Prometeu*, o titã que rouba o fogo dos deuses para doá-lo aos mortais afirma na última estrofe que forma as pessoas à sua própria imagem e semelhança. [N. T.]

12. *Idiotismus*, no original. Na mencionada "Introdução ao Manifesto comunista", E. Hobsbawn observa quanto a essa formulação que, embora os autores do *Manifesto* partilhassem do costumeiro desprezo do citadino pelo mundo rural, mas também da ignorância do citadino em relação a ele, o termo *Idiotismus* possui antes o sentido de "horizontes estreitos" do que de "estupidez": "fazia eco ao sentido original do termo grego *idiotēs*, do qual derivou o significado corrente de *idiota* ou *idiotice*, a saber, uma *pessoa preocupada apenas com seus próprios assuntos particulares e não com os da comunidade mais ampla*. No curso das décadas posteriores a 1840, e em movimentos cujos membros, ao contrário de Marx, não possuíam educação clássica, o sentido original se evaporou ou foi mal interpretado". *Op. cit.*, p. 298. [N. T.]

em *uma* nação, *um* governo, *um* interesse nacional de classe, *uma* fronteira aduaneira.

Em seu domínio de classe que mal chega a um século, a burguesia criou forças produtivas em massa, mais colossais do que todas as gerações passadas em seu conjunto. Subjugação das forças da natureza, maquinaria, aplicação da química na indústria e na agricultura, navegação a vapor, estradas de ferro, telégrafos elétricos, arroteamento de continentes inteiros, canalização dos rios para a navegação, populações inteiras como que brotando do chão — que século passado poderia supor que tamanhas forças produtivas estivessem adormecidas no seio do trabalho social!

Nós vimos, portanto: os meios de produção e de circulação, sobre cujas bases a burguesia se formou, foram gerados no âmbito da sociedade feudal. Num certo estágio do desenvolvimento desses meios de produção e de circulação, as relações nas quais a sociedade feudal produzia e trocava, a organização feudal da agricultura e da manufatura, em uma palavra, as relações feudais de propriedade, não correspondiam mais às forças produtivas já desenvolvidas. Elas tolhiam a produção, em vez de fomentá-la. Transformavam-se assim em outros tantos grilhões. Precisavam ser explodidas, foram explodidas.

Em seu lugar entrou a livre concorrência, com a constituição social e política que lhe era adequada, com o domínio econômico e político da classe burguesa.

Sob os nossos olhos processa-se um movimento semelhante. As relações burguesas de produção e de circulação, as relações burguesas de propriedade, a moderna sociedade burguesa, que fez aparecer meios de produção e de circulação tão poderosos, assemelha-se ao feiticeiro que já não consegue mais dominar os poderes subterrâneos que invocou.[13] Há decênios a história da indústria e do comércio vem sendo apenas a história da revolta das modernas forças produtivas contra as modernas relações de produção, contra as relações de propriedade que constituem as condições vitais da burguesia e de sua dominação. Basta mencionar as crises comerciais que, em sua recorrência periódica, questionam de maneira cada vez mais ameaçadora a existência de toda a sociedade burguesa. Nas crises comerciais extermina-se regularmente não apenas uma grande parte dos produtos fabricados, mas também das forças produtivas já criadas. Deflagra-se nas crises uma epidemia social que a todas as épocas anteriores apareceria como contrassenso — a epidemia da superprodução. A sociedade encontra-se remetida subitamente a um estado de momentânea barbárie; uma epidemia de fome, uma guerra geral de extermínio parecem ter-lhe cortado todo suprimento de alimentos; a indústria, o comércio parecem aniquilados — e por quê? Porque a sociedade possui demasiada civilização, demasiados suprimentos de alimentos, demasiada indústria, demasiado comércio. As forças produtivas que estão à sua disposição já não servem mais ao fomento das relações de propriedade burguesas; ao contrário, elas se tornaram por demais poderosas para essas relações, são tolhidas por elas; e tão logo superam esse obstáculo, levam toda a sociedade burguesa à desordem, põem em perigo a existência da propriedade burguesa. As relações burguesas tornaram-se demasiado estreitas para abarcar a riqueza gerada por elas. — Por quais meios a burguesia supera as crises? Por um lado, pelo extermínio

---

13. Alusão à balada de Goethe *O aprendiz de feiticeiro*, de 1797, cujo motivo da perda de controle sobre o feitiço aparece também em Luciano de Samósata, no século II d.C. [N. T.]

forçado de grande parte das forças produtivas; por outro lado, pela conquista de novos mercados e pela exploração mais metódica dos antigos mercados. Como isso acontece então? Pelo fato de que a burguesia prepara crises cada vez mais amplas e poderosas, e reduz os meios de preveni-las.

As armas com as quais a burguesia derruiu o feudalismo voltam-se agora contra a própria burguesia.

Mas a burguesia não forjou apenas as armas que lhe trazem a morte; ela produziu também os homens que portarão essas armas — os operários modernos, os *proletários*.

Na mesma medida em que a burguesia, isto é, o capital, desenvolve-se, desenvolve-se também o proletariado, a classe dos modernos operários, os quais só subsistem enquanto encontram trabalho, e só encontram trabalho enquanto o seu trabalho aumenta o capital. Esses operários, que têm de se vender um a um, são uma mercadoria como qualquer outro artigo de comércio e, por isso, igualmente expostos a todas as vicissitudes da concorrência, a todas as oscilações do mercado.

O trabalho dos proletários perdeu, pela expansão da maquinaria e pela divisão do trabalho, todo caráter autônomo e, com isso, todo atrativo para o operário. Este torna-se um mero acessório da máquina, do qual é exigido apenas o mais simples movimento de mãos, o mais monótono, o mais fácil de aprender. Os custos que o operário causa restringem-se, por isso, quase que tão somente aos alimentos de que ele carece para o sustento próprio e para a reprodução de sua raça.[14] Mas o preço de uma mercadoria, portanto também do trabalho, é igual aos seus custos de produção. Na mesma medida em que cresce o caráter repugnante do

---

14. *Rasse*, no original. [N. T.]

trabalho, diminui por isso mesmo o salário. Mais ainda, na mesma medida em que a maquinaria e a divisão do trabalho aumentam, aumenta a massa do trabalho, seja pela multiplicação das horas de trabalho, seja pela multiplicação do trabalho exigido num espaço de tempo determinado, seja pelo funcionamento acelerado da máquina etc.

A indústria moderna transformou a pequena oficina do mestre patriarcal na grande fábrica do capitalista industrial. Massas de operários, aglomeradas na fábrica, são organizadas de forma soldadesca. Como soldados rasos da indústria, são colocados sob a supervisão de uma hierarquia completa de suboficiais e oficiais. Eles não apenas são servos da classe burguesa, do Estado burguês; diariamente e a cada hora eles são escravizados pela máquina, pelo supervisor e, sobretudo, por cada um dos fabricantes burgueses. Esse despotismo é tanto mais mesquinho, odioso, encarniçado, quanto mais abertamente ele proclama o lucro como o seu objetivo.

Quanto menos o trabalho manual requer habilidade e dispêndio de forças, isto é, quanto mais a indústria moderna se desenvolve, tanto mais o trabalho dos homens é sufocado pelo das mulheres. Diferenças de sexo e de idade não têm mais qualquer validade social para a classe operária. Só restam ainda instrumentos de trabalho que, de acordo com idade e sexo, perfazem custos variados.

Se a exploração do operário pelo fabricante está terminada no momento em que aquele recebe o seu salário em dinheiro vivo, abatem-se sobre ele então as outras parcelas da burguesia, o proprietário do imóvel, o dono da mercearia, o penhorista etc.

Os pequenos estratos médios até hoje existentes, os pequenos industriais, os comerciantes e os que vivem de pequenas rendas, os artesãos e os camponeses, todas essas classes decaem no proletariado, em parte porque o seu pequeno capital não basta para o grande empreendimento industrial e sucumbe à concorrência com os capitalistas maiores, em parte porque a sua habilidade é desvalorizada pelos novos modos de produção. Assim, o proletariado é recrutado de todas as classes da população.

O proletariado atravessa diversas etapas de desenvolvimento. A sua luta contra a burguesia começa com a sua existência.

No início lutam os operários isolados, depois os operários de uma fábrica, depois os operários de um ramo industrial, numa mesma região, contra um burguês particular, que os explora diretamente. Eles dirigem os seus ataques não apenas contra as relações de produção burguesas; eles os dirigem contra os próprios instrumentos de produção; eles aniquilam as mercadorias estrangeiras concorrentes, destroçam as máquinas, ateiam fogo nas fábricas, buscam reconquistar a soterrada posição do trabalhador medieval.

Nessa etapa, os operários formam uma massa dispersa por todo o país e fragmentada pela concorrência. A agregação em massa dos operários ainda não é a consequência de sua própria associação, mas sim a consequência da associação da burguesia que, para alcançar seus próprios objetivos políticos, tem de mobilizar todo o proletariado, o que por enquanto el ainda consegue. Nessa etapa, portanto, os proletários combatem não os seus inimigos, mas sim os inimigos de seus inimigos, os resquícios da monarquia absoluta, os proprietários de grandes territórios, os burgueses não industriais, os pequeno-burgueses. Toda a movimentação histórica está concentrada assim nas mãos da burguesia; toda vitória assim conquistada é uma vitória da burguesia.

Mas com o desenvolvimento da indústria, não apenas se multiplica o proletariado; este é agregado em massas cada vez maiores, sua força cresce e torna-se mais perceptível para ele mesmo. Os interesses, as situações de vida no interior do proletariado nivelam-se cada vez mais, à medida que a maquinaria dissipa cada vez mais as diferenças do trabalho e, por quase toda parte, comprime o salário para um nível igualmente baixo. A crescente concorrência entre os burgueses e as crises de comércio daí resultantes fazem o salário do operário oscilar cada vez mais; o aperfeiçoamento incessante da maquinaria, desenvolvendo-se com crescente rapidez, torna cada vez mais insegura toda a sua condição de vida; cada vez mais, as colisões entre o operário particular e o burguês particular assumem o caráter de colisões entre duas classes. Os operários começam a constituir coalizões contra os burgueses; eles congregam-se para a garantia de seus salários. Chegam mesmo a fundar associações permanentes com a finalidade de criar provisões de mantimentos para eventuais revoltas. Aqui e acolá, a luta eclode em sublevação.

De tempos em tempos triunfam os operários, mas apenas provisoriamente. O resultado efetivo de suas lutas não é o êxito imediato, mas sim uma união operária em crescente expansão. Ela é fomentada pelos meios de comunicação que, gerados pela grande indústria, avolumam-se e colocam os operários das diversas localidades em contato mútuo. O mero contato, porém, basta para centralizar as muitas lutas locais, com caráter semelhante por toda parte, em uma luta nacional, uma luta de classes. Mas toda luta de classes é uma luta política. E a união, para a qual os burgueses da Idade Média, com seus caminhos vicinais, necessitaram de séculos, os proletários modernos, com as estradas de ferro, executam-na em poucos anos.

Essa organização dos proletários em classe e, com isso, em partido político, é a todo momento rompida pela concorrência entre os próprios operários. Mas ela ressurge sempre de novo, mais forte, mais sólida, mais poderosa. Ela impõe o reconhecimento de interesses particulares dos operários em forma de lei, à medida que se aproveita das cisões internas da burguesia. É o caso da lei da jornada de dez horas, na Inglaterra.

As colisões no interior da velha sociedade promovem em geral, de múltiplos modos, o processo de desenvolvimento do proletariado. A burguesia encontra-se em luta contínua: no início, contra a aristocracia; mais tarde, contra as frações da própria burguesia cujos interesses entraram em contradição com o progresso da indústria; e, sempre, contra a burguesia de todos os países estrangeiros. Em todas essas lutas, ela se vê obrigada a apelar ao proletariado, a reivindicar a sua ajuda e, assim, a engolfá-lo no movimento político. Ela mesma, portanto, leva ao proletariado os seus próprios elementos de formação,[15] isto é, armas contra si mesma.

Além disso, como vimos, contingentes inteiros da classe dominante são arrastados para o proletariado em virtude do progresso da indústria, ou pelo menos ameaçados em suas condições de vida. Também esses contingentes levam ao proletariado grande quantidade de elementos de formação.[16]

Em tempos, por fim, em que a luta de classes se aproxima da decisão, o processo de dissolução no interior da classe do-

---

15. Na edição alemã publicada em 1888 lê-se: "os elementos de sua própria formação política e geral". [N. T.]
16. Na edição de 1888: "elementos de esclarecimento e de progresso". [N. T.]

minante, no interior de toda a velha sociedade, assume um caráter tão violento, tão estridente, que uma pequena fração da classe dominante se desliga dela e se associa à classe revolucionária, à classe que traz o futuro em suas mãos. Por isso, assim como outrora uma parcela da nobreza passou para o lado da burguesia, uma parcela da burguesia passa agora para o proletariado, e notadamente uma parcela dos ideólogos burgueses que se alçaram à compreensão teórica do movimento histórico em sua totalidade.

De todas as classes que se defrontam hoje com a burguesia, somente o proletariado é uma classe realmente revolucionária. As classes restantes vão se degenerando e afundam sob a grande indústria; o proletariado é o seu produto mais genuíno.

Os estratos médios, o pequeno industrial, o pequeno comerciante, o artesão, o camponês, todos eles combatem a burguesia para salvar do naufrágio sua existência, como estratos médios. Eles, portanto, não são revolucionários, mas sim conservadores. Mais ainda, são reacionários, procuram girar para trás a roda da história. Se eles são revolucionários, então só o são com vistas à sua passagem iminente para o proletariado, e assim defendem não os seus interesses atuais, mas os futuros, abandonando assim a sua posição própria para colocarem-se na posição do proletariado.

O lumpemproletariado, esse apodrecimento passivo das camadas mais baixas da velha sociedade, é parcialmente arrastado para o movimento por obra de uma revolução proletária; mas em consonância com toda a sua situação de vida, ele estará mais pronto a se vender para maquinações reacionárias.

As condições de vida da velha sociedade já estão aniquiladas nas condições de vida do proletário. O proletariado é despossuído; sua relação com mulher e filhos não tem nada mais em comum com a relação familiar burguesa; o moderno trabalho industrial, a moderna subjugação operada pelo capital, na Inglaterra a mesma que na França, na América a mesma que na Alemanha, despojou o proletário de todo caráter nacional. As leis, a moral, a religião são para ele outros tantos preconceitos burgueses atrás dos quais se escondem outros tantos interesses burgueses.

Todas as classes anteriores que conquistaram o poder para si, procuraram assegurar sua condição de vida já adquirida à medida que submetiam toda a sociedade às condições de sua aquisição. Os proletários só podem conquistar as forças produtivas sociais à medida que abolem o seu próprio modo de apropriação e, assim, todo o modo de apropriação até hoje existente. Os proletários não possuem nada de próprio para assegurar, eles têm de destruir todas as seguranças privadas e todas as garantias privadas até hoje existentes.

Todos os movimentos até o presente foram movimentos de minorias ou em proveito de minorias. O movimento proletário é o movimento autônomo da maioria esmagadora em proveito da maioria esmagadora. O proletariado, a camada mais baixa da sociedade atual, não pode erguer-se, aprumar-se, sem que vá para os ares toda a superestrutura dos estamentos que formam a sociedade oficial.

Ainda que não pelo conteúdo, pela forma a luta do proletariado contra a burguesia é primeiramente uma luta nacional. O proletariado de todo e qualquer país tem primeiro, naturalmente, de dar conta de sua própria burguesia.

Na medida em que traçamos as fases mais gerais do desenvolvimento do proletariado, acompanhamos a guerra civil, a qual se desenrola de forma mais ou menos oculta no interior da sociedade em vigor, até o ponto em que eclode em uma revolução aberta e, pela derrubada violenta da burguesia, o proletariado estabelece a sua dominação.

Toda a sociedade até hoje existente assentou-se, como vimos, no antagonismo de classes opressoras e oprimidas. Mas para que se possa oprimir uma classe é necessário assegurar-lhe condições em cujo âmbito ela consiga ao menos manter sua existência servil. O servo alçou-se a membro da comuna durante a servidão, assim como o pequeno-burguês alçou-se à condição de burguês sob o jugo do absolutismo feudal. O operário moderno, ao contrário, em vez de elevar-se com o progresso da indústria, vai caindo cada vez mais fundo, abaixo das condições de sua própria classe. O operário torna-se um pauperizado, e o pauperismo[17] desenvolve-se ainda mais depressa do que a população e a riqueza. Com isso, torna-se evidente que a burguesia é incapaz de permanecer por mais tempo como a classe dominante da sociedade e de impor à sociedade, como lei reguladora, as condições de vida de sua classe. Ela é incapaz de dominar porque é incapaz de assegurar aos seus escravos uma existência mesmo no âmbito da escravidão, porque ela é obrigada a deixá-los descer a uma situação em que ela tem de alimentá-los, em vez de ser alimentada por eles. A sociedade não pode mais viver sob a burguesia, isto é, a vida desta não é mais compatível com a sociedade.

---

17. Os termos "pauperizado" e "pauperismo" correspondem, no original, a *Pauper* e *Pauperismus*. A esse respeito observa Hobsbawn numa nota à sua *Introdução*: "Pauperismo não deve ser lido como sinônimo de 'pobreza'. As palavras alemãs, emprestadas do uso inglês, são 'Pauper', 'uma pessoa destituída [...] mantida pela caridade ou por algum fundo público' (*Chambers Twentieth Century Dictionary*), e 'Pauperismus' (pauperismo: 'condição de ser indigente', *ibid.*)". [N. T.]

A condição essencial para a existência e para a dominação da classe burguesa é a acumulação da riqueza em mãos privadas, a formação e a multiplicação do capital; a condição do capital é o trabalho assalariado. O trabalho assalariado assenta-se exclusivamente sobre a concorrência dos operários entre si. O progresso da indústria, de que a burguesia é a representante indolente e apática, substitui o isolamento dos operários, que se dá através da concorrência, pela sua união revolucionária mediante a associação. Com o desenvolvimento da grande indústria, subtrai-se, portanto, à burguesia a própria base sobre a qual ela produz e apropria-se dos produtos. Ela produz em primeiro lugar o seu próprio coveiro. A sua derrocada e a vitória do proletariado são igualmente inevitáveis.

PROLETÁRIOS E COMUNISTAS

De que forma os comunistas se relacionam com os proletários em geral?

Os comunistas não constituem, em face dos outros partidos operários, nenhum partido particular.

Eles não possuem interesses separados dos interesses do conjunto do proletariado.

Eles não sustentam princípios particulares, de acordo com os quais queiram moldar o movimento proletário.

Por um lado, os comunistas só se diferenciam dos demais partidos proletários pelo fato de enfatizarem e fazerem prevalecer, nas várias lutas nacionais dos proletários, os interesses comuns de todo o proletariado, independentemente de nacionalidade; e, por outro lado, pelo fato de sempre representarem, nas diversas etapas de desenvolvimento por que passa a luta entre proletariado e burguesia, os interesses do movimento em seu conjunto.

Os comunistas são assim, na prática, a fração mais decidida dos partidos operários de todos os países, a qual sempre impulsiona o movimento para diante; na teoria, eles têm de vantagem sobre a massa restante do proletariado a percepção consciente das condições, da marcha e dos resultados gerais do movimento proletário.

O objetivo mais próximo dos comunistas é o mesmo de todos os demais partidos proletários: formação do proletariado em classe, derrubada da dominação burguesa, conquista do poder político pelo proletariado.

As proposições teóricas dos comunistas não se baseiam de forma alguma em ideias, em princípios inventados ou descobertos por esse ou aquele reformador do mundo.

Elas são apenas expressões gerais de relações efetivas de uma luta de classes existente, expressões de um movimento histórico que se desenrola sob os nossos olhos. A abolição das relações de propriedade até hoje em vigor não é nada que assinale o comunismo de maneira peculiar.

Todas as relações de propriedade estiveram submetidas a uma constante mudança histórica, a uma constante transformação histórica.

A Revolução Francesa, por exemplo, aboliu a propriedade feudal em benefício da propriedade burguesa.

O que distingue o comunismo não é a abolição da propriedade em geral, mas sim a abolição da propriedade burguesa.

Mas a moderna propriedade privada burguesa é a expressão última e mais acabada do modo de produção e de apropriação de produtos que repousa em antagonismos de classes, na exploração de umas classes pelas outras.

Nesse sentido, os comunistas podem resumir a sua teoria na única expressão: supressão da propriedade privada.

Censuraram a nós, comunistas, querer abolir a propriedade adquirida de forma pessoal, fruto do próprio trabalho; abolir a propriedade que constitui a base de toda liberdade, atividade e autonomia pessoais.

Propriedade adquirida, fruto do próprio trabalho e do mérito! Vocês estão falando da propriedade do pequeno-burguês, do pequeno camponês, a qual precedeu a propriedade burguesa? Nós não precisamos aboli-la, o desenvolvimento da indústria aboliu-a e vai abolindo-a diariamente.

Ou vocês estão falando da moderna propriedade privada burguesa?

Mas o trabalho assalariado, o trabalho do proletário, cria-lhe propriedade? De forma alguma. Ele cria o capital, isto é, a propriedade que explora o trabalho assalariado, propriedade que só pode multiplicar-se sob a condição de produzir novo trabalho assalariado para explorá-lo renovadamente. Em sua forma atual, a propriedade move-se no interior do antagonismo entre capital e trabalho assalariado. Contemplemos os dois lados desse antagonismo.

Ser capitalista significa assumir não apenas uma posição meramente pessoal na produção, mas também uma posição social. O capital é um produto coletivo e só pode ser posto em movimento mediante a atividade comum de muitos membros, e até mesmo, em última instância, mediante a atividade comum de todos os membros da sociedade.

O capital, portanto, não é uma potência pessoal, ele é uma potência social.

Desse modo, ao transformar-se o capital em propriedade coletiva, pertencente a todos os membros da sociedade, então não é a propriedade pessoal que se transforma em coletiva. Transforma-se apenas o caráter social da propriedade. Esta perde o seu caráter de classe.

Passemos ao trabalho assalariado.

O preço médio do trabalho assalariado é o mínimo do salário de trabalho, isto é, a soma dos meios de subsistência que são necessários para manter a vida do operário enquanto operário. Aquilo, portanto, de que o operário assalariado se apropria mediante a sua atividade, é suficiente tão somente para reproduzir a sua vida pura e simples. Nós não queremos de forma alguma abolir essa apropriação pessoal dos produtos do trabalho para a reprodução da vida imediata, uma apropriação que não deixa nenhum lucro líquido que poderia conferir poder sobre trabalho alheio. Queremos apenas suprimir o caráter miserável dessa apropriação, na qual o operário vive apenas para multiplicar o capital, e vive tão somente enquanto o requer o interesse da classe dominante.

Na sociedade burguesa, o trabalho vivo é apenas um meio de multiplicar o trabalho acumulado. Na sociedade comunista, o trabalho acumulado é apenas um meio para ampliar, enriquecer, fomentar o processo de vida do operário.

Na sociedade burguesa, o passado impera, portanto, sobre o presente; na comunista, é o presente que impera sobre o passado. Na sociedade burguesa, o capital é autônomo e pessoal, enquanto que o indivíduo ativo é impessoal e privado de autonomia.

E à supressão dessa relação a burguesia chama supressão da personalidade e da liberdade! E com razão. Trata-se, todavia, da supressão da personalidade, da autonomia e da liberdade dos burgueses.

Por liberdade entende-se, no âmbito das atuais relações de produção burguesas, o livre comércio, a livre compra e venda.

Mas se cai a barganha, então cai também a barganha livre. De uma maneira geral, todo o palavrório referente à livre barganha, como todas as demais bravatas de nossa burguesia sobre a liberdade, só fazem sentido em face da barganha tolhida, do burguês subjugado da Idade Média, mas não em face da supressão comunista da barganha, das relações burguesas de produção e da própria burguesia.

Vocês se horrorizam com o fato de querermos suprimir a propriedade privada. Mas na sociedade vigente, na sociedade de vocês, a propriedade privada está abolida para nove décimos de seus membros; ela existe exatamente por não existir para nove décimos. Vocês, portanto, censuram-nos querer suprimir uma propriedade que pressupõe, como condição necessária, a privação de propriedade para a maioria esmagadora da sociedade.

Vocês nos censuram, em uma palavra, querer suprimir a propriedade de vocês. Entretanto, é isso mesmo que queremos.

A partir do momento em que o trabalho não possa mais ser transformado em capital, em dinheiro, em renda fundiária, em suma, em uma potência social monopolizável, isto é, a partir do momento em que a propriedade pessoal não possa mais reverter em propriedade burguesa, a partir desse momento, declaram vocês, a pessoa estaria suprimida.

Vocês confessam, portanto, não conceber sob a condição de pessoa nada além do burguês, do proprietário burguês. E essa pessoa, todavia, precisa ser suprimida.

O comunismo não tira de ninguém o poder de apropriar-se de produtos sociais, ele apenas tira o poder de subjugar o trabalho alheio mediante essa apropriação.

Objetou-se que, com a supressão da propriedade privada, cessaria toda atividade e irromperia uma indolência geral.

De acordo com isso, a sociedade burguesa deveria ter perecido há muito tempo na indolência; pois os que nela trabalham, não lucram, e os que nela lucram, não trabalham. Todo esse escrúpulo converge para a tautologia de que não mais existirá trabalho assalariado tão logo não exista mais capital.

Todas as investidas, que são dirigidas ao modo comunista de apropriação e de produção dos produtos materiais foram igualmente estendidas à apropriação e à produção dos produtos intelectuais. Da mesma maneira como, para o burguês, o cessamento da propriedade de classe significa o cessamento da própria produção, o cessamento da formação de classe é, para ele, idêntico ao cessamento da formação cultural de uma forma geral.

A formação cultural, cuja perda ela lamenta, é, para a imensa maioria, a formação direcionada para a máquina.

Mas não venham discutir conosco enquanto avaliarem a abolição da propriedade burguesa com a medida das suas representações burguesas de liberdade, formação, direito etc. As próprias ideias de vocês são produtos das relações burguesas de produção e propriedade, como o sistema jurídico de vocês é apenas a vontade de sua classe elevada à condição de lei, uma vontade cujo conteúdo está dado nas condições materiais de vida da classe de vocês.

A representação interessada, que os leva a transformar as suas relações de produção e de propriedade — de relações históricas, transitórias no desenrolar da produção, em leis eternas da natureza e da razão —, vocês a partilham com todas as classes dominantes desaparecidas. O que vocês compreendem em relação à propriedade antiga, o que compreendem em relação à propriedade feudal, vocês não conseguem mais compreender em relação à propriedade burguesa.

Supressão da família! Mesmo os mais radicais exaltam-se em face desse infame desígnio dos comunistas.

Sobre o que repousa a família atual, a família burguesa? Sobre o capital, sobre o lucro privado. Somente para a burguesia a família existe de forma plenamente desenvolvida; mas ela encontra o seu complemento na carência de família imposta aos proletários e na prostituição pública.

A família dos burgueses é naturalmente eliminada com a eliminação desse seu complemento, e ambos desaparecem com o desaparecimento do capital.

Vocês censuram-nos querer suprimir a exploração dos filhos pelos pais? Nós confessamos esse crime.

Mas, dizem vocês, nós suprimimos as relações mais íntimas, à medida que colocamos a educação social no lugar da doméstica.

E a educação de vocês também não está determinada pela sociedade? Não está determinada pelas relações sociais, em cujo âmbito vocês educam, pela ingerência mais ou menos direta ou indireta da sociedade, por meio da escola etc.? Os comunistas não inventam o influxo da sociedade sobre a educação; eles apenas modificam o seu caráter, eles subtraem a educação à influência da classe dominante.

O palavrório burguês sobre família e educação, sobre a íntima relação de pais e filhos torna-se tanto mais repugnante quanto mais todos os laços familiares, em consequência da grande indústria, são rompidos para os proletários, e as suas crianças transformadas em simples artigos de comércio e instrumentos de trabalho.

Mas vocês, comunistas, querem introduzir a comunidade das mulheres, grita em coro, aos nossos ouvidos, a burguesia inteira.

O burguês enxerga em sua mulher um mero instrumento de produção. Ele ouve dizer que os instrumentos de produção devem ser explorados comunitariamente, e é natural que não consiga pensar outra coisa senão que o destino do sistema de comunidade irá atingir igualmente as mulheres.

Ele não imagina que se trata precisamente de suprimir a posição das mulheres enquanto meros instrumentos de produção.

De resto, nada mais ridículo do que o espanto altamente moralista dos nossos burgueses diante da comunidade oficial de mulheres pretensamente proposta pelos comunistas. Os comunistas não precisam introduzir a comunidade de mulheres, ela existiu quase sempre.

Os nossos burgueses, não satisfeitos em ter à sua disposição as mulheres e as filhas dos seus proletários, para não falar da prostituição oficial, encontram supremo divertimento em seduzir mutuamente suas esposas.

O casamento burguês é, na realidade, a comunidade das esposas. Poder-se-ia, no máximo, censurar os comunistas que, em lugar de uma comunidade de mulheres hipocritamente ocultada, queiram introduzir uma oficial, franca. De resto, entende-se de imediato que, com a supressão das atuais relações de produção, também a comunidade de mulheres delas derivada, isto é, a prostituição oficial e não oficial desaparece.

Além disso, foi censurado aos comunistas que eles queriam abolir a pátria, a nacionalidade.

Os operários não têm pátria. Não se pode tirar deles o que não possuem. Na medida em que o proletariado deve primeiramente conquistar o domínio político, erigir-se em classe nacional,[18] constituir- se ele mesmo enquanto nação, o próprio proletariado é também nacional, ainda que de forma alguma no sentido da burguesia.

As segregações nacionais e os antagonismos entre povos já vão desaparecendo mais e mais com o desenvolvimento da burguesia, a liberdade de comércio, o mercado mundial, a uniformidade da produção industrial e as correspondentes relações de vida.

O domínio do proletariado os fará desaparecer ainda mais. Ação unificada, pelo menos dos países civilizados, é uma das primeiras condições de sua libertação.

À proporção que a exploração de um indivíduo pelo outro é suprimida, suprime-se a exploração de uma nação pela outra.

Com o antagonismo de classes no interior da nação, cai a postura hostil das nações entre si.

As acusações contra o comunismo levantadas de pontos de vista religiosos, filosóficos e ideológicos em geral, não merecem discussão mais minuciosa.

Será necessária uma percepção profunda para entender que, com as relações de vida dos homens, com os seus relacionamentos sociais, com a sua existência social, também se modificam as suas representações, as suas concepções e os seus conceitos — modifica-se, em uma palavra, também a sua consciência?

Que outra coisa prova a história das ideias senão que a produção intelectual se reconfigura com a produção material? As ideias dominantes de uma época foram sempre tão somente as ideias da classe dominante.

---

18. Na edição de 1888 consta: "em classe dirigente da nação". [N. T.]

Fala-se de ideias que revolucionaram toda uma sociedade; com isto, apenas profere-se o fato de que, no interior da velha sociedade, formaram-se os elementos de uma nova sociedade, que a dissolução das velhas ideias caminha passo a passo com a dissolução das velhas relações de vida.

Quando o mundo antigo estava em processo de desmoronamento, as religiões antigas foram vencidas pela religião cristã. Quando as ideias cristãs sucumbiam no século XVIII às ideias iluministas, a sociedade feudal travava a sua luta de morte com a burguesia então revolucionária. As ideias de liberdade de consciência e de religião expressavam apenas a dominação da livre concorrência no âmbito do saber.

"Mas", dir-se-á, "ideias religiosas, morais, filosóficas, políticas, jurídicas etc. modificam-se, entretanto, no decorrer do desenvolvimento histórico. A religião, a moral, a filosofia, a política, o direito sempre se preservaram no decorrer dessas mudanças.

Além disso, existem verdades eternas, como liberdade, justiça etc., comuns a todas as condições sociais. O comunismo, porém, abole as verdades eternas, ele abole a religião, a moral, em vez de configurá-las de novo; ele contraria, portanto, todos os desenvolvimentos históricos até o presente."

A que se reduz essa acusação? A história de toda a sociedade até os dias de hoje moveu-se no interior de antagonismos de classes, que nas diferentes épocas foram configurados de maneira diferente.

Mas não importa a forma que esses antagonismos tenham assumido, a exploração de uma parte da sociedade pela outra é um fato comum a todos os séculos passados. Não admira, por isso, que a consciência social de todos os séculos, a despeito de toda a multiplicidade e variedade, mova-se no âmbito de certas formas comuns, em formas de consciência que só se dissolvem plenamente com o desaparecimento completo do antagonismo de classes.

A revolução comunista é a ruptura mais radical com as relações de propriedade tradicionais; não admira que no curso de seu desenvolvimento se rompa da maneira mais radical com as ideias tradicionais.

Mas deixemos as investidas da burguesia contra o comunismo.

Já vimos acima que o primeiro passo na revolução operária é a elevação do proletariado à condição de classe dominante, a conquista da democracia.

O proletariado utilizará o seu domínio político para subtrair pouco a pouco à burguesia todo o capital, para centralizar todos os instrumentos de produção nas mãos do Estado, isto é, do proletariado organizado como classe dominante, e para multiplicar o mais rapidamente possível a massa das forças produtivas.

De início, isso naturalmente só pode acontecer por meio de intervenções despóticas no direito de propriedade e nas relações de produção burguesas, portanto, através de medidas que economicamente parecem insuficientes e insustentáveis, mas que no curso do movimento transcendem o seu próprio âmbito e serão inevitáveis como meios para o revolucionamento do modo de produção em seu conjunto.

Naturalmente, essas medidas serão diferentes de acordo com os diferentes países.

Para os países mais desenvolvidos, contudo, as seguintes medidas poderão ser postas em prática de uma forma um tanto geral:

1. Expropriação da propriedade fundiária e emprego da renda fundiária para despesas estatais.

2. Pesado imposto progressivo.

3. Abolição do direito de herança.

4. Confisco da propriedade de todos os emigrantes e insurrecionados.

5. Centralização do crédito nas mãos do Estado por meio de um banco nacional com capital estatal e monopólio exclusivo.

6. Centralização do sistema de transportes nas mãos do Estado.

7. Multiplicação das fábricas nacionais, dos instrumentos de produção; arroteamento e melhoria, segundo um plano comunitário, de grandes extensões de terra.

8. Obrigatoriedade de trabalho para todos; constituição de exércitos industriais, especialmente para a agricultura.

9. Unificação dos setores da agricultura e da indústria; atuação no sentido da eliminação gradual da diferença entre cidade e campo.

10. Educação pública e gratuita para todas as crianças. Eliminação do trabalho infantil em fábricas na sua forma atual. Unificação da educação com a produção material etc.

Desaparecidas as diferenças de classes no curso do desenvolvimento e concentrada toda a produção nas mãos dos indivíduos associados, então o poder público perde o caráter político. O poder político em sentido próprio é o poder organizado de uma classe para a opressão de uma outra. Se, na luta contra a burguesia, o proletariado se unifica necessariamente em classe, se ele converte-se em classe dominante mediante uma revolução e, como classe dominante, suprime à força as velhas relações de produção, então ele estará suprimindo, com essas relações de produção, as condições de existência do antagonismo de classes, suprimindo as classes em geral e, desse modo, a sua própria dominação enquanto classe.

No lugar da velha sociedade burguesa com as suas classes e os seus antagonismos de classes surge uma associação na qual o livre desenvolvimento de cada um é a condição para o livre desenvolvimento de todos.

LITERATURA SOCIALISTA E COMUNISTA

O SOCIALISMO REACIONÁRIO

O socialismo feudal Em consonância com a sua posição histórica, as aristocracias francesa e inglesa estavam fadadas a escrever panfletos contra a moderna sociedade burguesa. Na revolução francesa de julho de 1830, no movimento reformista inglês, essas aristocracias mais uma vez sucumbiram ao odiado arrivista. Não se podia dizer mais que se tratava de uma luta política séria. Restou-lhes apenas a luta literária. Mas também no âmbito da literatura, o velho palavrório da época da Restauração[19] tornou-se impossível. Para despertar simpatias, a aristocracia precisou aparentar ter perdido de vista os seus interesses e formular a sua acusação à burguesia somente no interesse da classe operária explorada. Ela preparou assim a satisfação de poder entoar invectivas ao seu novo senhor e sussurrar-lhe aos ouvidos profecias mais ou menos sinistras.

Dessa maneira surgiu o socialismo feudal, em parte canto de lamento, em parte pasquim, em parte ressonância do passado, em parte ameaça do futuro, por vezes atingindo com suas sentenças amargas, espirituosamente dilacerantes, a burguesia em pleno coração, mas atuando sempre de maneira cômica em sua total incapacidade de compreender a marcha da história moderna.

Os aristocratas fizeram com que o saco de esmolas proletário tremulasse em suas mãos como bandeira, para ajuntar o povo atrás de si. Mas toda vez que seguia os aristocratas, o povo avistava em seu traseiro os velhos brasões feudais e dispersava-se com sonoras e irreverentes gargalhadas.[20]

Uma parte dos legitimistas franceses e a Jovem Inglaterra levaram a público esse espetáculo.

---

19. Não é a Restauração Inglesa de 1660-1689 que se tem em mente, mas sim a Restauração Francesa de 1814-1830. [Nota de F. Engels para a edição inglesa de 1888.]
20. Essa imagem dos "velhos brasões feudais" estampados no traseiro dos aristocratas foi provavelmente inspirada pela epopeia satírica de Heinrich Heine *Alemanha. Um conto maravilhoso de inverno*. Ver nota 1, p. 50. No terceiro capítulo, Heine descreve os sentimentos que o acometem ao avistar, em Aachen, os militares prussianos com os seus pontiagudos morriões de aço: "Isso lembra a Idade Média, tão bela/ Cavaleiros de nobre coração/ Que trazem no peito a fidelidade/ E no traseiro portam o brasão". [N. T.]

Quando os feudais comprovam que o seu modo de exploração estava configurado de forma diferente da exploração burguesa, eles esquecem apenas que exploraram sob circunstâncias e condições inteiramente diversas. Quando demonstram que sob o seu domínio não existiu o proletariado, se esquecem apenas de que essa mesma burguesia moderna foi um rebento necessário de sua ordem social.

De resto, eles dissimulam tão pouco o caráter reacionário de sua crítica, que a sua principal acusação contra a burguesia consiste justamente em afirmar que, sob o regime burguês, desenvolve-se uma classe que irá mandar pelos ares toda a velha ordem social.

O que censuram à burguesia, mais do que gerar um proletariado em geral, é o fato de que ela gera um proletariado revolucionário.

Por isso, na práxis política participam de todas as represálias violentas contra a classe operária e na vida comum acomodam-se, a despeito de todo o seu palavrório enfatuado, em colher os pomos dourados[21] e em trocar fidelidade, amor, honra, pela barganha com lã, beterraba e aguardente.[22]

Do mesmo modo como o clérigo sempre andou de mãos dadas com o feudal, assim também o socialismo clerical anda de mãos dadas com o socialismo feudal.

---

21. Na edição de 1888: "pomos que caíram da árvore da indústria". [N. T.]
22. Isto se refere principalmente à Alemanha, onde a nobreza rural e a classe dos *Junker* cultivam por conta própria, por intermédio de seus administradores, uma grande parte de suas terras, e, ao lado disso, são ainda grandes produtores de açúcar de beterraba e de aguardente de batata. Os aristocratas ingleses, mais ricos, ainda não desceram a tanto; mas também sabem como compensar a queda dos rendimentos mediante a cessão de seus nomes a fundadores de sociedades acionárias de reputação mais ou menos duvidosa. [Nota de F. Engels para a edição inglesa de 1888.]

Nada mais fácil do que dar ao ascetismo cristão um verniz socialista. O cristianismo também não clamou contra a propriedade privada, o casamento, o Estado? E em seu lugar não pregou a caridade e a mendicância, o celibato e a mortificação da carne, a vida monástica e a Igreja? O socialismo cristão é apenas a água benta com que o clérigo abençoa a irritação do aristocrata.

O socialismo pequeno-burguês A aristocracia feudal não é a única classe derrubada pela burguesia, cujas condições de vida definharam e pereceram na moderna sociedade burguesa. O estamento medieval dos burgueses das paliçadas[23] e o estamento dos pequenos camponeses foram os precursores da moderna burguesia. Nos países industrial e comercialmente menos desenvolvidos, essa classe ainda continua a vegetar ao lado da burguesia ascendente.

Nos países em que a moderna civilização se desenvolveu, formou-se uma nova classe de pequeno-burgueses, a qual oscila entre o proletariado e a burguesia e está sempre se reformulando enquanto parcela complementar da sociedade burguesa — uma classe cujos membros vão sendo arrastados constantemente para o proletariado e, com o desenvolvimento da grande indústria, veem inclusive chegar o momento em que desaparecerão por completo, enquanto parcela autônoma, da sociedade moderna, e serão substituídos no comércio, na manufatura, na agricultura, por supervisores de trabalho e por criados.[24]

---

23. *Mittelalterliches Pfahlbürgertum*, no original. Ver nota 5, p. 52. [N. T.]
24. *Domestiken*, no original. [N. T.]

Em países como a França, em que a classe camponesa perfaz bem mais do que a metade da população, foi natural que escritores que se alinhavam com o proletariado e contra a burguesia aplicassem à sua crítica do regime burguês o padrão dos pequeno-burgueses e pequenos camponeses, tomando assim o partido dos operários a partir do ponto de vista da pequena-burguesia. Constituiu-se, dessa maneira, o socialismo pequeno-burguês. Sismondi é o cabeça dessa literatura não apenas para a França, mas também em relação à Inglaterra.

Esse socialismo dissecou com extrema perspicácia as contradições existentes nas modernas relações de produção. Ele desvendou os embelezamentos hipócritas dos economistas. Demonstrou, de maneira irrefutável, os efeitos destrutivos da maquinaria e da divisão do trabalho, a concentração dos capitais e da propriedade fundiária, a superprodução, as crises, a necessária derrocada dos pequeno-burgueses e camponeses, a miséria do proletariado, a anarquia na produção, as desproporções gritantes na distribuição da riqueza, a guerra industrial de extermínio entre as nações, a dissolução dos velhos costumes, das velhas relações familiares, das velhas nacionalidades.

Em seu teor positivo, contudo, esse socialismo quer, ou restabelecer os velhos meios de produção e de circulação, e, com estes, as velhas relações de propriedade e a velha sociedade, ou então forçar os modernos meios de produção e de circulação a entrar novamente no quadro das velhas relações de propriedade, as quais foram arrebentadas, tiveram de ser arrebentadas por aqueles. Em ambos os casos, ele é reacionário e utópico ao mesmo tempo.

Sistema corporativo na manufatura e economia patriarcal no campo, esta é a sua última palavra.

Em seu desenvolvimento posterior, essa tendência perdeu-se num covarde coro de lamentações.[25]

O socialismo alemão ou «verdadeiro»   A literatura comunista e socialista da França, que nasceu sob a pressão de uma burguesia dominante e é a expressão literária da luta contra esse domínio, foi introduzida na Alemanha numa época em que a burguesia estava começando a sua luta contra o absolutismo feudal.

Filósofos alemães, semifilósofos e beletristas apoderaram-se avidamente dessa literatura, e esqueceram apenas que, com a emigração daqueles escritos franceses, não haviam migrado ao mesmo tempo para a Alemanha as relações de vida francesas. Diante das relações alemãs, a literatura francesa perdeu todo significado prático imediato e assumiu uma aparência meramente literária. Foi forçoso aparecer como especulação ociosa sobre a realização da essência humana. Para os filósofos alemães do século XVII, as reivindicações da primeira Revolução Francesa possuíam assim o sentido único de ser reivindicações da *razão prática* em geral, e as manifestações de vontade por parte da burguesia revolucionária francesa significavam aos seus olhos as leis da vontade pura, da vontade, como esta tem de ser, da vontade verdadeiramente humana.

O trabalho exclusivo dos literatos alemães consistiu em colocar as novas ideias francesas em harmonia com a sua velha consciência filosófica ou, antes, apropriar-se das ideias francesas a partir de seu posicionamento filosófico.

---

25. Na edição de 1888: "Por fim, quando os obstinados fatos históricos espantaram toda a embriaguez da autoilusão, essa forma de socialismo degenerou em um lamentável coro de lamentações". [N. T.]

Essa apropriação aconteceu da mesma maneira pela qual geralmente se apropria de uma língua estrangeira, pela tradução.

É sabido como os monges recobriam manuscritos em que estavam registradas as obras clássicas da velha era pagã com insípidas histórias católicas de santos. Os literatos alemães procederam de forma inversa com a literatura francesa profana. Escreviam o seu disparate filosófico no verso do original francês. Escreviam, por exemplo, no verso da crítica francesa das relações monetárias, "alienação da essência humana", atrás da crítica francesa do Estado burguês escreviam "superação do domínio do geral abstrato" etc.

A inserção sub-reptícia desse palavrório filosófico nos desdobramentos franceses, batizavam-na "filosofia da ação", "socialismo verdadeiro", "ciência alemã do socialismo", "fundamentação filosófica do socialismo" etc.

Desse modo, a literatura socialista-comunista francesa foi formalmente emasculada. E uma vez que, em mãos alemãs, ela deixou de expressar a luta de uma classe contra a outra, o alemão ficou consciente de ter superado a "unilateralidade francesa", de ter representado, em vez de necessidades verdadeiras, a necessidade da verdade, e, em vez dos interesses do proletário, os interesses da essência humana, do homem de uma maneira geral, do homem que não pertence a nenhuma classe, que de modo algum pertence à realidade, que pertence apenas ao céu nebuloso da fantasia filosófica.

Esse socialismo alemão, que recebeu os seus canhestros exercícios escolares com tanta seriedade e solenidade e os alardeou de forma tão charlatanesca, foi perdendo pouco a pouco sua inocência pedante.

A luta da burguesia alemã, notadamente da prussiana, contra os feudais e a realeza absoluta — em uma palavra, o movimento liberal — tornou-se mais séria.

Ofereceu-se assim ao *verdadeiro* socialismo a desejada oportunidade de contrapor as reivindicações socialistas ao movimento político, de lançar os anátemas tradicionais contra o liberalismo, o Estado representativo, a concorrência burguesa, a liberdade de imprensa burguesa, o direito burguês, a liberdade e a igualdade burguesas, e pregar diante da massa popular que ela não tem nada a ganhar com esse movimento burguês mas, antes, tudo a perder. O socialismo alemão se esqueceu há tempo de que a crítica francesa, da qual ele era o eco sem espírito, pressupunha a moderna sociedade burguesa, com as correspondentes condições materiais de vida e a constituição política adequada, pressupostos esses que na Alemanha ainda se tratava de conquistar.

Ele servia aos governos absolutistas alemães, com o seu séquito de clérigos, mestres-escolas, nobres rurais e burocratas, como oportuno espantalho contra a burguesia que estava em ameaçadora ascensão.

Ele constituía o complemento adocicado às amargas chibatadas e balas de espingarda com que esses mesmos governos tratavam os levantes operários alemães.

Se de tal maneira o socialismo *verdadeiro* tornou-se uma arma na mão dos governos contra a burguesia alemã, ele também representou, de maneira imediata, um interesse reacionário, o interesse dos atrasados burgueses alemães, da "burguesia das paliçadas".[26] Na Alemanha, a pequena-bur-

---

26. *Pfahlbürgerschaft*, no original. Nessa passagem, a expressão é empregada em sentido figurado. Ver nota 5, p. 52. Na edição de 1888 encontra-se substituída por "filisteus". [N. T.]

guesia, proveniente do século XVI e desde esse tempo despontando aqui de forma sempre variada, constitui a efetiva base social das condições vigentes.

Sua manutenção é a manutenção das condições vigentes na Alemanha. Do domínio industrial e político da burguesia, ela teme a derrocada certa, por um lado, em consequência da concentração do capital, por outro lado, pelo advento de um proletariado revolucionário. O socialismo *verdadeiro* pareceu-lhe matar dois coelhos de uma só cajadada. Ele dissemina-se como uma epidemia.

A roupagem, tecida de especulativas teias de aranha, bordada com flores da retórica e da beletrística, impregnada de sufocante orvalho sentimental, essa extravagante roupagem na qual os socialistas alemães envolveram seu punhado de esquálidas "verdades eternas", apenas intensifica a aceitação da sua mercadoria entre esse público.

O socialismo alemão, por seu turno, foi reconhecendo cada vez mais sua missão de ser o representante tonitruante dessa atrasada "burguesia das paliçadas".

Ele proclamava a nação alemã como sendo a nação normal e o filisteu alemão como sendo o homem normal. A cada baixeza deste, ele dava um sentido oculto, mais elevado, um sentido socialista, no qual essa baixeza significava o seu contrário. Ele chegou às últimas consequências ao postar-se diretamente contra a tendência "rudimentar e destrutiva" do comunismo e anunciar a sua superioridade apartidária sobre todas as lutas de classes. Com muito poucas exceções, tudo o que, de tais escritos pretensamente socialistas e comunistas, circula na Alemanha pertence ao âmbito dessa literatura suja e enervante.[27]

O SOCIALISMO CONSERVADOR OU BURGUÊS

Uma parcela da burguesia deseja corrigir as mazelas sociais para assegurar a continuidade da sociedade burguesa.

Pertencem a essa parcela: economistas, filantropos, humanitários, reformadores da situação das classes trabalhadoras, organizadores de beneficências, protetores de animais, fundadores de ligas antialcoólicas, tacanhos reformistas das mais variadas espécies. E também esse socialismo burguês foi elaborado em sistemas completos.

Mencionemos, como exemplo, a *Filosofia da miséria*, de Proudhon.

Os burgueses socialistas querem as condições de vida da moderna sociedade sem as lutas e os perigos que necessariamente decorrem delas. Eles querem a sociedade vigente, mas subtraindo os elementos que a revolucionam e a dissolvem. Eles querem a burguesia sem o proletariado. A burguesia, naturalmente, representa para si mesma o mundo em que domina como sendo o melhor dos mundos. O socialismo dos burgueses elabora essa representação consoladora em um semissistema ou em um sistema completo. Quando exorta o proletariado a concretizar os seus sistemas e entrar na nova Jerusalém, então ele só exige no fundo que o prole-

---

27. A tempestade revolucionária de 1848 varreu do mapa toda essa sórdida tendência e estragou o prazer de seus defensores em continuar se envolvendo com o socialismo. Principal representante e tipo clássico dessa tendência é o senhor Karl Grün. [Nota de F. Engels para a edição alemã de 1890.]

tariado permaneça na sociedade atual, mas se desfaça das representações hostis que faz desta.

Uma segunda forma desse socialismo, menos sistemática porém mais prática, busca tirar a disposição da classe operária para qualquer movimento revolucionário, demonstrando que não é essa ou aquela transformação política que lhe poderá ser proveitosa, mas tão somente uma transformação das relações materiais de vida, das relações econômicas. Contudo, por transformação das relações materiais de vida, esse socialismo não entende de maneira alguma a abolição das relações burguesas de produção, a qual só é possível pela via revolucionária, mas sim melhorias administrativas, que se processam no terreno dessas relações de produção e, portanto, nada alteram na relação entre capital e trabalho assalariado, mas, no melhor dos casos, diminuem para a burguesia os custos do seu domínio e simplificam a sua gestão do Estado.

Esse socialismo dos burgueses só alcança a sua expressão correspondente quando se converte em mera figura retórica.

Livre comércio! — no interesse da classe trabalhadora; proteções alfandegárias! — no interesse da classe trabalhadora; prisões em sistema de celas! — no interesse da classe trabalhadora: eis a ultima palavra do socialismo dos burgueses, a única palavra levada a sério.

O socialismo da burguesia consiste justamente na afirmação de que os burgueses são burgueses — no interesse da classe trabalhadora.

O SOCIALISMO E O COMUNISMO CRÍTICO-UTÓPICOS

Não vamos falar aqui da literatura que em todas as grandes revoluções modernas expressou as reivindicações do proletariado. (Escritos de Babeuf etc.)

As primeiras tentativas do proletariado no sentido de fazer valer seu próprio interesse de classe num tempo de agitação geral, no período da derrubada da sociedade feudal, fracassaram necessariamente em face da configuração pouco desenvolvida do próprio proletariado e da carência das condições materiais para a sua libertação, as quais são justamente o produto da época burguesa. A literatura revolucionária, que acompanhou essas primeiras movimentações do proletariado, é necessariamente reacionária em seu conteúdo. Ela ensina um ascetismo geral e um igualitarismo grosseiro.

Os sistemas propriamente socialistas e comunistas, os sistemas de Saint-Simon, Fourier, Owen etc., surgem no primeiro período, pouco desenvolvido, da luta entre proletariado e burguesia, que expusemos acima (ver Burguesia e Proletariado[28]).

É verdade que os inventores desses sistemas enxergam tanto o antagonismo das classes como a eficácia dos elementos dissolventes na própria sociedade dominante. Mas não divisam, no campo do proletariado, nenhuma autonomia histórica, nenhum movimento político que lhe seja peculiar.

Uma vez que o desenvolvimento do antagonismo das classes caminha passo a passo com o desenvolvimento da indústria, eles tampouco encontram as condições materiais para a libertação do proletariado, e procuram assim por uma ciência social, por leis sociais, no intuito de criar essas condições.

28. Trata-se do segmento I "Burgueses e proletários". [N. T.]

No lugar da atividade social é preciso entrar a sua própria atividade inventiva, no lugar das condições históricas de libertação entram condições fantásticas, no lugar da organização do proletariado em classe, que vai se processando gradualmente, entra uma organização da sociedade engendrada por eles mesmos. A história universal que está por vir dissolve-se, para eles, na propaganda e na execução prática de seus planos sociais.

É verdade que estão conscientes de representarem em seus planos o interesse da classe trabalhadora como sendo a classe mais sofredora. O proletariado existe para eles somente sob esse ponto de vista da classe mais sofredora.

Mas a forma pouco desenvolvida da luta de classes, assim como a sua própria situação de vida, tem por consequência o fato de se julgarem muito acima daquele antagonismo das classes. Querem melhorar a situação de vida de todos os membros da sociedade, mesmo a dos mais bem situados. Por isso apelam continuamente ao conjunto da sociedade, sem distinção — de preferência, inclusive, à classe dominante. Basta compreender o seu sistema para reconhecê-lo como o melhor plano possível da melhor sociedade possível.

Rejeitam, por isso, toda ação política, notadamente toda ação revolucionária, querem alcançar a sua meta por via pacífica e tentam abrir caminho para o novo evangelho social através de pequenos experimentos, que naturalmente malogram, através da força do exemplo.

Numa época em que o proletariado ainda se encontra muito pouco desenvolvido, época em que, portanto, ele mesmo concebe de modo ainda fantástico a sua própria situação, essa descrição fantástica da sociedade futura brota de seu primeiro anseio intuitivo por uma reconfiguração geral da sociedade.

Todavia, os escritos socialistas e comunistas comportam também elementos críticos. Atacam todos os fundamentos da sociedade vigente. Forneceram, por isso, um material extremamente valioso para o esclarecimento dos operários. Suas sentenças positivas sobre a sociedade futura, por exemplo, supressão do antagonismo entre cidade e campo, supressão da família, do lucro privado, do trabalho assalariado, o anúncio da harmonia social, a conversão do Estado em uma mera administração da produção — todas essas suas sentenças exprimem meramente a eliminação do antagonismo das classes, antagonismo que está começando agora a se desenvolver e que aqueles escritos conhecem tão somente em sua primeira indeterminação amorfa. Por isso, essas mesmas sentenças têm um sentido ainda puramente utópico.

O significado do socialismo e do comunismo crítico-utópicos está na razão inversa de seu desenvolvimento histórico. Na mesma medida em que a luta de classes se desenvolve e se configura, essa elevação fantástica sobre tal luta, esse combate fantástico movido contra esta, perde todo valor prático, toda justificativa teórica. Se, portanto, os artífices desses sistemas também foram revolucionários em muitos aspectos, os seus discípulos constituem, a cada vez, seitas reacionárias. Aferram-se, em face do contínuo desenvolvimento histórico do proletariado, às velhas concepções dos mestres. Procuram, por isso, de maneira consequente, embotar novamente a luta de classes e conciliar as oposições. Continuam a sonhar com a realização, em regime experimental, de suas utopias sociais, instituição de falanstérios isolados, fundação de *home*-colônias, implantação de uma pequena Icária[29] — edição em formato reduzido[30] da nova Jerusalém — e para a construção de todos esses castelos de Espanha precisam apelar à filantropia dos corações e dos endinheirados bolsos burgueses. Paulatinamente vão caindo na categoria dos socialistas reacionários e conservadores acima retratados, e distinguem-se destes tão somente por um pedantismo mais sistemático, pela crença supersticiosa e fanática nos efeitos miraculosos de sua ciência social.

Por isso eles se opõem com exasperação a todo movimento político dos operários que só pôde originar-se a partir de uma descrença cega no novo evangelho.[31]

Os adeptos de Owen na Inglaterra e de Fourier na França reagem, lá, contra os cartistas, aqui, contra os reformistas.

POSIÇÃO DOS COMUNISTAS EM RELAÇÃO AOS DIVERSOS PARTIDOS OPOSICIONISTAS

Pelo exposto no segmento II, fica evidente a relação dos comunistas com os partidos operários já constituídos, a

---

29. *Home*-colônias, "colônias no interior", chama Owen às suas modelares sociedades comunistas. Falanstério era o nome dos palácios sociais planejados por Fourier. Icária chamava-se o utópico país da fantasia cujas instituições comunistas Cabet descreveu. [Nota de F. Engels para a edição alemã de 1890.]

30. A expressão "edição em formato reduzido" corresponde, no original, a *Duodezausgabe*, termo derivado do latim *duodecimus*: significa algo de dimensões ridiculamente diminutas. [N. T.]

31. Marx e Engels fazem aqui um trocadilho com a expressão crença ou fé "cega": os seguidores tardios, retardatários de Owen, Fourier, Cabet, Saint-Simon etc. contrapõem-se encarniçadamente aos movimentos operários que puderam constituir-se justamente porque ignoraram os seus obsoletos preceitos utópicos — ou votaram-lhes uma descrença "cega", absoluta. [N. T.]

sua relação, portanto, com os cartistas na Inglaterra e os reformadores agrários na América do Norte.

Eles lutam para alcançar os objetivos e os interesses imediatos da classe operária, mas, no movimento presente, representam, ao mesmo tempo, o futuro do movimento. Na França, os comunistas aliam-se ao partido social-democrata[32] contra a burguesia conservadora e radical, sem que por isso abram mão do direito de se relacionar criticamente com a fraseologia e as ilusões legadas pela tradição revolucionária.

Na Suíça, apoiam os radicais, sem deixar de reconhecer que esse partido comporta elementos contraditórios, em parte socialistas democráticos no sentido francês, em parte burgueses radicais.

Entre os poloneses, os comunistas apoiam o partido que faz de uma revolução agrária condição de libertação nacional, o mesmo partido que gerou a insurreição cracoviana de 1846.

Na Alemanha, logo que a burguesia entra em cena revolucionariamente, o partido comunista luta ombro a ombro com a burguesia contra a monarquia absoluta, a propriedade rural feudal e a "pequena-burguesice".[33]

Mas em momento algum deixa de elaborar nos operários a consciência mais clara possível a respeito da oposição hostil entre burguesia e proletariado, para que os operários

---

32. O partido que era então representado no parlamento por Ledru-Rollin, na literatura por Louis Blanc e na imprensa diária pelo *Réforme*. O nome "social-democrata" significava, entre esses seus inventores, uma seção do partido democrático ou republicano com coloração mais ou menos socialista. [Nota de F. Engels para a edição inglesa de 1888.] [...] Era, portanto, abissalmente diferente da atual social-democracia alemã. [Nota de F. Engels para a edição alemã de 1890.]

33. "Pequena-burguesice" traduz aqui o substantivo, não dicionarizado, *Kleinbürgerei*, cujo sentido pejorativo advém do sufixo *ei*, correspondente ao português "ice". [N. T.]

alemães possam converter de imediato as condições sociais e políticas, produzidas necessariamente pelo domínio burguês, em outras tantas armas voltadas contra a burguesia, para que, depois da derrubada das classes reacionárias na Alemanha, comece imediatamente a luta contra a própria burguesia.

É em primeiro lugar para a Alemanha que os comunistas dirigem sua atenção máxima, porque a Alemanha está às vésperas de uma revolução burguesa e porque realiza esse revolucionamento sob as condições mais avançadas da civilização europeia em geral e com um proletariado muito mais desenvolvido do que tinha a Inglaterra no século XVII e a França no século XVIII, de maneira que a revolução burguesa alemã só pode ser o prelúdio imediato de uma revolução proletária.

Os comunistas, numa palavra, apoiam por toda parte todo movimento revolucionário contra as condições sociais e políticas vigentes.

Em todos esses movimentos, eles enfatizam a questão da propriedade, não importa a forma mais ou menos desenvolvida que esta possa ter assumido, como sendo a questão fundamental do movimento.

Os comunistas, por fim, trabalham em toda parte pela união e pelo entendimento dos partidos democráticos de todos os países.

Os comunistas recusam-se a dissimular suas visões e suas intenções. Declaram abertamente que os seus objetivos só podem ser alcançados pela derrubada violenta de toda a ordem social vigente até o presente. Que tremam as classes dominantes em face de uma revolução comunista. Nela, os proletários nada têm a perder senão as suas cadeias. Eles têm um mundo a ganhar.

Proletários de todos os países, uni-vos!

COLEÇÃO «HEDRA EDIÇÕES»

1. *A metamorfose*, Kafka
2. *O príncipe*, Maquiavel
3. *Jazz rural*, Mário de Andrade
4. *O chamado de Cthulhu*, H. P. Lovecraft
5. *Ludwig Feuerbach e o fim da filosofia clássica alemã*, Friederich Engels
6. *Hino a Afrodite e outros poemas*, Safo de Lesbos
7. *Præterita*, John Ruskin
8. *Manifesto comunista*, Marx e Engels
9. *Rashômon e outros contos*, Akutagawa
10. *Memórias do subsolo*, Dostoiévski
11. *Teogonia*, Hesíodo
12. *Trabalhos e dias*, Hesíodo
13. *O contador de histórias e outros textos*, Walter Benjamin
14. *Diário parisiense e outros escritos*, Walter Benjamin ✓
15. *Don Juan*, Molière
16. *Contos indianos*, Mallarmé
17. *Triunfos*, Petrarca
18. *O retrato de Dorian Gray*, Wilde
19. *A história trágica do Doutor Fausto*, Marlowe
20. *Os sofrimentos do jovem Werther*, Goethe
21. *Dos novos sistemas na arte*, Maliévitch
22. *Metamorfoses*, Ovídio
23. *Micromegas e outros contos*, Voltaire
24. *O sobrinho de Rameau*, Diderot
25. *Carta sobre a tolerância*, Locke
26. *Discursos ímpios*, Sade
27. *Dao De Jing*, Lao Zi
28. *O fim do ciúme e outros contos*, Proust
29. *Pequenos poemas em prosa*, Baudelaire
30. *Fé e saber*, Hegel
31. *Joana d'Arc*, Michelet
32. *Livro dos mandamentos: 248 preceitos positivos*, Maimônides
33. *Eu acuso!*, Zola | *O processo do capitão Dreyfus*, Rui Barbosa
34. *Apologia de Galileu*, Campanella
35. *Sobre verdade e mentira*, Nietzsche
36. *Poemas*, Byron
37. *Sonetos*, Shakespeare
38. *A vida é sonho*, Calderón
39. *Sagas*, Strindberg
40. *O mundo ou tratado da luz*, Descartes
41. *Fábula de Polifemo e Galateia e outros poemas*, Góngora
42. *A vênus das peles*, Sacher-Masoch
43. *Escritos sobre arte*, Baudelaire
44. *Cântico dos cânticos*, [Salomão]
45. *Americanismo e fordismo*, Gramsci
46. *Balada dos enforcados e outros poemas*, Villon
47. *Sátiras, fábulas, aforismos e profecias*, Da Vinci
48. *O cego e outros contos*, D.H. Lawrence
49. *Imitação de Cristo*, Tomás de Kempis

50. *O casamento do Céu e do Inferno*, Blake
51. *Flossie, a Vênus de quinze anos*, [Swinburne]
52. *Teleny, ou o reverso da medalha*, [Wilde et al.]
53. *A filosofia na era trágica dos gregos*, Nietzsche
54. *No coração das trevas*, Conrad
55. *Viagem sentimental*, Sterne
56. *Arcana Cœlestia e Apocalipsis revelata*, Swedenborg
57. *Saga dos Volsungos*, Anônimo do séc. XIII
58. *Um anarquista e outros contos*, Conrad
59. *A monadologia e outros textos*, Leibniz
60. *Cultura estética e liberdade*, Schiller
61. *Poesia basca: das origens à Guerra Civil*
62. *Poesia catalã: das origens à Guerra Civil*
63. *Poesia espanhola: das origens à Guerra Civil*
64. *Poesia galega: das origens à Guerra Civil*
65. *O pequeno Zacarias, chamado Cinábrio*, E.T.A. Hoffmann
66. *Um gato indiscreto e outros contos*, Saki
67. *Viagem em volta do meu quarto*, Xavier de Maistre
68. *Hawthorne e seus musgos*, Melville
69. *Ode ao Vento Oeste e outros poemas*, Shelley
70. *Feitiço de amor e outros contos*, Ludwig Tieck
71. *O corno de si próprio e outros contos*, Sade
72. *Investigação sobre o entendimento humano*, Hume
73. *Sobre os sonhos e outros diálogos*, Borges | Osvaldo Ferrari
74. *Sobre a filosofia e outros diálogos*, Borges | Osvaldo Ferrari
75. *Sobre a amizade e outros diálogos*, Borges | Osvaldo Ferrari
76. *A voz dos botequins e outros poemas*, Verlaine
77. *Gente de Hemsö*, Strindberg
78. *Senhorita Júlia e outras peças*, Strindberg
79. *Correspondência*, Goethe | Schiller
80. *Poemas da cabana montanhesa*, Saigyō
81. *Autobiografia de uma pulga*, [Stanislas de Rhodes]
82. *A volta do parafuso*, Henry James
83. *Ode sobre a melancolia e outros poemas*, Keats
84. *Carmilla — A vampira de Karnstein*, Sheridan Le Fanu
85. *Pensamento político de Maquiavel*, Fichte
86. *Inferno*, Strindberg
87. *Contos clássicos de vampiro*, Byron, Stoker e outros
88. *O primeiro Hamlet*, Shakespeare
89. *Noites egípcias e outros contos*, Púchkin
90. *Jerusalém*, Blake
91. *As bacantes*, Eurípides
92. *Emília Galotti*, Lessing
93. *Viagem aos Estados Unidos*, Tocqueville
94. *Émile e Sophie ou os solitários*, Rousseau
95. *A fábrica de robôs*, Karel Tchápek
96. *Sobre a filosofia e seu método — Parerga e paralipomena (v. II, t. 1)*, Schopenhauer
97. *O novo Epicuro: as delícias do sexo*, Edward Sellon
98. *Sobre a liberdade*, Mill
99. *A velha Izerguil e outros contos*, Górki
100. *Pequeno-burgueses*, Górki
101. *Primeiro livro dos Amores*, Ovídio

102. *Educação e sociologia*, Durkheim
103. *A nostálgica e outros contos*, Papadiamántis
104. *Lisístrata*, Aristófanes
105. *A cruzada das crianças/ Vidas imaginárias*, Marcel Schwob
106. *O livro de Monelle*, Marcel Schwob
107. *A última folha e outros contos*, O. Henry
108. *Romanceiro cigano*, Lorca
109. *Sobre o riso e a loucura*, [Hipócrates]
110. *Ernestine ou o nascimento do amor*, Stendhal
111. *Odisseia*, Homero
112. *O estranho caso do Dr. Jekyll e Mr. Hyde*, Stevenson
113. *Sobre a ética — Parerga e paralipomena (v. II, t. II)*, Schopenhauer
114. *Contos de amor, de loucura e de morte*, Horacio Quiroga
115. *A arte da guerra*, Maquiavel
116. *Elogio da loucura*, Erasmo de Rotterdam
117. *Oliver Twist*, Charles Dickens
118. *O ladrão honesto e outros contos*, Dostoiévski
119. *Sobre a utilidade e a desvantagem da história para a vida*, Nietzsche
120. *Édipo Rei*, Sófocles
121. *Fedro*, Platão
122. *A conjuração de Catilina*, Salústio
123. *Escritos sobre literatura*, Sigmund Freud
124. *O destino do erudito*, Fichte
125. *Diários de Adão e Eva*, Mark Twain
126. *Diário de um escritor (1873)*, Dostoiévski
127. *Perversão: a forma erótica do ódio*, Stoller
128. *Explosao: romance da etnologia*, Hubert Fichte

COLEÇÃO «METABIBLIOTECA»

1. *O desertor*, Silva Alvarenga
2. *Tratado descritivo do Brasil em 1587*, Gabriel Soares de Sousa
3. *Teatro de êxtase*, Pessoa
4. *Oração aos moços*, Rui Barbosa
5. *A pele do lobo e outras peças*, Artur Azevedo
6. *Tratados da terra e gente do Brasil*, Fernão Cardim
7. *O Ateneu*, Raul Pompeia
8. *História da província Santa Cruz*, Gandavo
9. *Cartas a favor da escravidão*, Alencar
10. *Pai contra mãe e outros contos*, Machado de Assis
11. *Democracia*, Luiz Gama
12. *Liberdade*, Luiz Gama
13. *A escrava*, Maria Firmina dos Reis
14. *Contos e novelas*, Júlia Lopes de Almeida ✓
15. *Iracema*, Alencar
16. *Auto da barca do Inferno*, Gil Vicente
17. *Poemas completos de Alberto Caeiro*, Pessoa
18. *A cidade e as serras*, Eça
19. *Mensagem*, Pessoa

20. *Utopia Brasil*, Darcy Ribeiro
21. *Bom Crioulo*, Adolfo Caminha
22. *Índice das coisas mais notáveis*, Vieira
23. *A carteira de meu tio*, Macedo
24. *Elixir do pajé — poemas de humor, sátira e escatologia*, Bernardo Guimarães
25. *Eu*, Augusto dos Anjos
26. *Farsa de Inês Pereira*, Gil Vicente
27. *O cortiço*, Aluísio Azevedo
28. *O que eu vi, o que nós veremos*, Santos-Dumont
29. *Poesia Vaginal*, Glauco Mattoso

COLEÇÃO «QUE HORAS SÃO?»

1. *Lulismo, carisma pop e cultura anticrítica*, Tales Ab'Sáber
2. *Crédito à morte*, Anselm Jappe
3. *Universidade, cidade e cidadania*, Franklin Leopoldo e Silva
4. *O quarto poder: uma outra história*, Paulo Henrique Amorim
5. *Dilma Rousseff e o ódio político*, Tales Ab'Sáber
6. *Descobrindo o Islã no Brasil*, Karla Lima
7. *Michel Temer e o fascismo comum*, Tales Ab'Sáber
8. *Lugar de negro, lugar de branco?*, Douglas Rodrigues Barros
9. *Machismo, racismo, capitalismo identitário*, Pablo Polese
10. *A linguagem fascista*, Carlos Piovezani & Emilio Gentile
11. *A sociedade de controle*, J. Souza; R. Avelino; S. Amadeu (orgs.)
12. *Ativismo digital hoje*, R. Segurado; C. Penteado; S. Amadeu (orgs.)
13. *Desinformacao e democracia*, Rosemary Segurado
14. *Labirintos do fascismo, vol. 1*, João Bernardo
15. *Labirintos do fascismo, vol. 2*, João Bernardo
16. *Labirintos do fascismo, vol. 3*, João Bernardo
17. *Labirintos do fascismo, vol. 4*, João Bernardo
18. *Labirintos do fascismo, vol. 5*, João Bernardo
19. *Labirintos do fascismo, vol. 6*, João Bernardo

COLEÇÃO «MUNDO INDÍGENA»

1. *A árvore dos cantos*, Pajés Parahiteri
2. *O surgimento dos pássaros*, Pajés Parahiteri
3. *O surgimento da noite*, Pajés Parahiteri
4. *Os comedores de terra*, Pajés Parahiteri
5. *A terra uma só*, Timóteo Verá Tupã Popyguá
6. *Os cantos do homem-sombra*, Mário Pies & Ponciano Socot
7. *A mulher que virou tatu*, Eliane Camargo
8. *Crônicas de caça e criação*, Uirá Garcia
9. *Círculos de coca e fumaça*, Danilo Paiva Ramos
10. *Nas redes guarani*, Valéria Macedo & Dominique Tilkin Gallois
11. *Os Aruaques*, Max Schmidt
12. *Cantos dos animais primordiais*, Ava Ñomoandyja Atanásio Teixeira
13. *Não havia mais homens*, Luciana Storto

COLEÇÃO «NARRATIVAS DA ESCRAVIDÃO»

1. *Incidentes da vida de uma escrava*, Harriet Jacobs
2. *Nascidos na escravidão: depoimentos norte-americanos*, WPA
3. *Narrativa de William W. Brown, escravo fugitivo*, William Wells Brown

COLEÇÃO «ANARC»

1. *Sobre anarquismo, sexo e casamento*, Emma Goldman ✓
2. *O indivíduo, a sociedade e o Estado, e outros ensaios*, Emma Goldman
3. *O princípio anarquista e outros ensaios*, Kropotkin
4. *Os sovietes traídos pelos bolcheviques*, Rocker
5. *Escritos revolucionários*, Malatesta
6. *O princípio do Estado e outros ensaios*, Bakunin
7. *História da anarquia (vol. 1)*, Max Nettlau
8. *História da anarquia (vol. 2)*, Max Nettlau
9. *Entre camponeses*, Malatesta
10. *Revolução e liberdade: cartas de 1845 a 1875*, Bakunin
11. *Anarquia pela educação*, Élisée Reclus

Adverte-se aos curiosos que se imprimiu este livro na gráfica
Meta Brasil, na data de 22 de novembro de 2022, em papel
pólen soft, composto em tipologia Minion Pro e Formular, com
diversos sofwares livres, dentre eles LuaLaTeXe git.
(v. 8820dd7)